BIENVENUE À LA SEGPA

Leduc s'engage pour une fabrication écoresponsable !
« Des livres pour mieux vivre », c'est la devise de notre maison. Et vivre mieux, c'est vivre en impactant positivement le monde qui nous entoure ! C'est pourquoi nous avons fait le choix de l'écoresponsabilité. Un livre écoresponsable, c'est une impression respectueuse de l'environnement, un papier issu de forêts gérées durablement (papier FSC® ou PEFC), un nombre de kilomètres limité avant d'arriver dans vos mains (90 % de nos livres sont imprimés en Europe, et 40 % en France), un format optimisé pour éviter la gâche papier et un tirage ajusté pour minimiser le pilon ! Pour en savoir plus, rendez-vous sur notre site.

Relecture : Camille Le Dain
Maquette intérieure : Ma Petite FaB – Laurent Grolleau
Design de couverture : Antartik

76, boulevard Pasteur
75015 Paris – France

ISBN : 979-10-285-3300-7

Antoine Zito
@enattendantlesvacances

BIENVENUE À LA SEGPA

LEDUC GRAPHIC

ALORS ?
ÇA CHARGE !
À J-3 DE LA RENTRÉE, C'EST FOU QUE TU NE SACHES TOUJOURS PAS DANS QUEL ÉTABLISSEMENT TU SERAS AFFECTÉ !
DÉCALE-TOI UN PEU STEUPL' !
MOI, JE CONNAIS MON POSTE DEPUIS TROIS JOURS DÉJÀ !
JE SAIS BIEN ! MAIS TU AS EU DE LA CHANCE QUE TON PREMIER VŒU AIT ÉTÉ ACCEPTÉ !

J'AVOUE QUE JE SERAIS DÉGOÛTÉ SI JE N'AI PAS LE POSTE !
OUI ! SURTOUT QUAND ON COMPTE LE TEMPS QUE TU AS PASSÉ À ÉCRIRE TA LETTRE DE MOTIVATION...
OUAIS... C'EST DINGUE DE DEVOIR DEMANDER UN POSTE SPÉCIALISÉ POUR ÉVITER D'ÊTRE LOIN DE LA MAISON...
ÇA Y EST ! LES RÉSULTATS SONT EN LIGNE !
J'EN REVIENS PAS...
J'AI LE POSTE EN SEGPA.

Année 1
La sixième

... ENFIN, POUR CLORE CETTE RÉUNION DE PRÉ-RENTRÉE, J'AIMERAIS AJOUTER QUE, DE TOUS LES LEVIERS PÉDAGOGIQUES, L'HUMOUR EST SANS DOUTE LE MEILLEUR.
UN JEU DE MOTS OU UNE BONNE BLAGUE SONT PARFOIS PLUS EFFICACES QU'UNE HEURE DE RETENUE.
JE VOUS REMERCIE POUR VOTRE ATTENTION...
... ET VOUS SOUHAITE UNE BONNE SUITE DE PRÉPARATION DANS VOS PÔLES DISCIPLINAIRES RESPECTIFS.
LA SEGPA ON SE RETROUVE DANS MON BUREAU !

AVANT QUE JE VOUS DISTRIBUE VOS EMPLOIS DU TEMPS...
JE VOUDRAIS SOUHAITER LA BIENVENUE À YANNICK, QUI REVIENT APRÈS UNE PARENTHÈSE À L'INSPECTION.
EH OUI, QUE VEUX-TU ? TOUT LE MONDE PEUT SE TROMPER !
AINSI QU'À ANTOINE, QUI REJOINT L'ÉQUIPE CETTE ANNÉE.
BONJOUR À TOUS !
ON FAIT UN PETIT TOUR DE TABLE RAPIDE POUR ANTOINE ? JE COMMENCE. MOI, C'EST FRANÇOISE, DIRECTRICE DE LA SEGPA.
SANS SURPRISE, JE SUIS YANNICK, DE RETOUR AU BERCAIL, J'ENSEIGNE LA MUSIQUE ET LES MATIÈRES SCIENTIFIQUES.
MOI, C'EST ÉLÉONORE, JE SUIS SUR L'ATELIER HAS. BIENVENUE AU COLLÈGE GARIBALDI !
MERCI... MOI, C'EST ANTOINE, COMME VOUS VOUS EN DOUTEZ, ET C'EST MA PREMIÈRE ANNÉE EN SEGPA.
PHILIPPE. ATELIER HABITAT.
BIEN, VOICI VOS EMPLOIS DU TEMPS. JE VOUS LAISSE LES CONSULTER, ENSUITE JE VOUS FAIS UN POINT SUR NOS ÉLÈVES.

AH SUPER ! TU AS RÉUSSI À CE QU'ON AIT TOUS UNE DEMI-JOURNÉE DE LIBRE. C'EST TOP !
OUI, C'EST GÉNIAL !
C'EST CONFIRMÉ ALORS : EN SEGPA, ON NE FAIT QUE 21 HEURES PAR SEMAINE !
HAHA OUAIS, MAIS TU VERRAS...
C'EST BIEN ASSEZ.
HUM... OUI, BON. TU VERRAS QUE NOS ÉLÈVES SONT PARFOIS...
... FATIGANTS.
PASSONS MAINTENANT AUX ÉLÈVES. N'OUBLIEZ PAS QUE CERTAINS ONT DÉJÀ UNE VIE BIEN COMPLIQUÉE...
LES 6E... AH OUI : MÉLISSA !
Mélissa

M'SIEUR !? ÇA VA MON ÉTIQUETTE ? VOUS ARRIVEZ À LIRE ?
OUI OUI, C'EST PARFAIT !
MÉLISSA
CLARA
ET MOI, C'EST BIEN OU PAS ??
CLARA
OUI CLARA, C'EST TRÈS BIEN AUSSI !
'AZY SALIM ! FAIS VOIR TON FEUTRE !
EUH OUI... MAIS EUH... J'AI PAS ENCORE TERMI...
OUAIS T'INQUIÈTE, JE FAIS MON PRÉNOM ET JE TE LE RENDS JUSTE APRÈS !
OK... TIENS...
DIS DONC TOI ! C'EST QUOI TON PRÉNOM DÉJÀ ?
NOLAN.
AH OUI, NOLAN ! TU POURRAIS LAISSER SON MATÉRIEL À SALIM, QU'IL PUISSE FINIR.
NAN MAIS C'EST BON M'SIEUR, C'EST ENTRE NOUS. C'EST LUI QUI ME L'A PRÊTÉ.
IL FAUT QUE TU PENSES À PRENDRE TES AFFAIRES. JE VAIS TE PRÊTER UN FEUTRE. RENDS-LUI LE SIEN.

COMME JE LE DISAIS À NOLAN, S'IL VOUS MANQUE DU MATÉRIEL POUR LE MOMENT, J'AI CE QU'IL FAUT DANS LA CLASSE !
M'SIEUR !
ET N'HÉSITEZ PAS À PERSONNALISER VOS PANCARTES !
M'SIEUR !
M'SIEUR !
M'SIEUR !
ENCORE QUELQUES MINUTES ET ON PASSE À LA SUITE !
M'SIEUR ! M'SIEUR ! M'SIEUR !
JASON
OUI JASON ?
JASON
EST-CE QU'ON DOIT ÉCRIRE EN MAJUSCULES ET ON PEUT METTRE DE LA COULEUR ? MOI J'AI ÉCRIT AU STYLO DIRECTEMENT MAIS COMME JE ME SUIS TROMPÉ J'AI
JASON
COMMENT J'FAIS DU COUP ?
EUH... EH BIEN... FAIS COMME TU LE SENS !
AH... BEN J'VAIS TOUT RECOMMENCER ALORS.
WESH IL EST CHELOU LUI !
NOLAN ! ON T'A PAS DEMANDÉ TON AVIS IL ME SEMBLE !

ET TOI NEELA, TU EN ES OÙ ?
NEELA ?
GNIIIIIIIIII !
JE CROIS QUE TOUT LE MONDE A TERMINÉ. ON VA POUVOIR COMMENCER À TRAVAILLER !
HISTOIRE
GÉOGRAPHIE
DESSIN
STARGATE
LUCAS
MAYENCE
NEELA
NOLAN
SALIM
JASON
MÉLISSA
CLARA
ADAM
SORTEZ VOS CAHIERS !

ALORS, CETTE PREMIÈRE JOURNÉE ?
J'ÉTAIS STRESSÉ ! MAIS FINALEMENT ÇA A ÉTÉ.
ET TOI ?
CLAC !
ÇA VA... C'EST LE DÉBUT, IL FAUT TOUT METTRE EN PLACE...
ET LES ÉLÈVES DE SEGPA ? ILS SONT COMMENT ALORS ?
BEN C'EST PAS DU TOUT CE À QUOI JE M'ATTENDAIS.
AH ?
BEAUCOUP DE GENS RACONTENT QUE LES ÉLÈVES DE SEGPA SONT DIFFICILES...
MERCI !
MAIS POUR LE MOMENT, JE N'AI PAS DU TOUT VU ÇA CHEZ EUX.
C'EST PEUT-ÊTRE PARCE QUE C'EST LE DÉBUT DE L'ANNÉE, NON ?

J'AI CHANGÉ MON EMPLOI DU TEMPS, TU VEUX LE VOIR ?
AH OUI JE VEUX BIEN !
JE NE VOIS PAS LA DIFFÉRENCE AVEC CELUI D'AVANT...
J'AI MODIFIÉ LA PRÉSENTATION POUR QUE LES ÉLÈVES SE REPÈRENT PLUS FACILEMENT !
ILS GALÈRENT TANT QUE ÇA ?
OH OUI ! CERTAINS ONT BEAUCOUP DE MAL À SE REPÉRER DANS LE TEMPS !
ÇA ME RAPPELLE QUELQU'UN...
HA. HA. HA. MOQUE-TOI ! MAIS MES ÉLÈVES, C'EST À UN AUTRE NIVEAU !
REGARDE ÇA...
... L'EMPLOI DU TEMPS N'EST PAS LE MÊME EN FONCTION DES SEMAINES 1 OU DES SEMAINES 2...
OUI DIS DONC ! ÇA FAIT VACHEMENT D'INFOS À RETENIR.
LES 5E SONT HABITUÉS, MAIS LES 6E SONT VRAIMENT LARGUÉS. JE LES AI EN « MODULE » ET POUR EUX ÇA NE VEUT RIEN DIRE !
OUI... EN MÊME TEMPS...

BONJOUR À TOUS !
BONJOUR !
B'JOUR !
'JOUR !
BONJOUR !
AUJOURD'HUI, NOUS ALLONS FAIRE UN PEU DE FRANÇAIS : VOUS ALLEZ TRAVAILLER SUR UN TEXTE.
MAIS M'SIEUR ! ON N'EST PAS EN MODULE LÀ ?
SI, POURQUOI ?
BEN...
... COMME VOUS L'AVEZ DIT, LÀ ON VA FAIRE DU FRANÇAIS, DU COUP C'EST PAS MODULE ÇA. SI ?
AH OUI ? ET C'EST QUOI COMME MATIÈRE « MODULE » D'APRÈS TOI MÉLISSA ?
BEN... CHAIS PAS !

« MODULE », C'EST UN COURS DANS LEQUEL ON TRAVAILLE SUR CE QUI VOUS POSE LE PLUS DE PROBLÈMES DANS LES AUTRES MATIÈRES.
C'EST POUR ÇA QU'ON VA TRAVAILLER EN COMPRÉHENSION DE TEXTE AUJOURD'HUI !
AH OUAIS ! DONC MODULE C'EST LES TRUCS DANS LESQUELS ON EST NULS.
?
MAIS NON CLARA ! TU VAS VOIR, C'EST FACILE !
ALLEZ ! JE VOUS LAISSE LIRE LE PREMIER TEXTE ET RÉPONDRE AUX QUESTIONS !
ROSE

J'ARRIVE JASON !
M'SIEUR !
MAIS OUI JASON, TU PEUX RÉPONDRE AU CRAYON DE PAPIER !
ÇA VA NEELA ? TU COMPRENDS UN PEU LE TEXTE ? TU ARRIVES À TRADUIRE ?
?
ROSE
ALORS, T'EN ES OÙ CLARA ?
J'Y ARRIVE PAS.
TU AS LU LE TEXTE ?
NON.
IL EST NUL CE TEXTE.
HÉ ! MAIS C'EST FACILE EN VRAI !
OUAIS BEN JE T'AI RIEN DEMANDÉ À TOI !

MAIS WESH ! COMMENT TU PARLES ?
QUOI ? C'EST TOI QUI FAIS TROP LA MALIGNE !
EUH... LES FILLES DOUCEMENT ! VOUS...
C'EST PAS D'MA FAUTE SI TU CAPTES RIEN !
VAS-Y TU PARLES TROP !
M'SIEUR ? J'PEUX UTILISER UN FEUTRE POUR RÉPONDRE ?
PAS MAINTENANT JASON... JE...
DRRRRIIIIIIINNNG !!
VOUS POUVEZ SORTIR, ON FINIRA TOUT À L'HEURE.
CLAC !
ALORS, COMMENT ÇA SE PASSE ? TU T'EN SORS ?
BEN... JE NE SAIS PAS TROP...

AH ? COMMENT ÇA ?
AVEC CERTAINS ÉLÈVES, J'AI L'IMPRESSION QU'ILS ONT UN BLOCAGE !
CE N'EST PAS QU'ILS N'Y ARRIVENT PAS, C'EST QUE CERTAINS NE VEULENT MÊME PAS ESSAYER.
ET J'AVOUE QUE JE NE SAIS PAS DU TOUT COMMENT GÉRER ÇA.
OUI... JE VOIS. TU SAIS, EN SEGPA, LE PREMIER OBJECTIF...
... C'EST DE PERMETTRE AUX JEUNES DE REPRENDRE CONFIANCE EN EUX.
TU VEUX DIRE, D'UN POINT DE VUE OFFICIEL ?
ABSOLUMENT ! C'EST MÊME INSCRIT DANS LES TEXTES. NOS ÉLÈVES ONT UNE RELATION COMPLIQUÉE AVEC L'ÉCOLE.

IL FAUT COMPRENDRE QUE POUR EUX, L'ÉCOLE EST SOUVENT SYNONYME DE SOUFFRANCE.
IMAGINE QUE TU AIES PASSÉ UNE GRANDE PARTIE DE TES ANNÉES D'ÉCOLE À ÉCHOUER, RATER OU ÊTRE DÉSIGNÉ COMME LE NUL DE LA CLASSE...
VIVRE DE TELLES EXPÉRIENCES LAISSE DES CICATRICES PROFONDES ET CHAQUE SITUATION D'APPRENTISSAGE...
... RAVIVE L'ÂPRE SOUVENIR DE L'ÉCHEC. NOS ÉLÈVES ONT TENDANCE...
... À SE PROTÉGER EN RÉAGISSANT PARFOIS DE FAÇON...
BAM!!
... VIOLENTE.

NOTRE RÔLE, SURTOUT AVEC LES 6E, C'EST DE LES AIDER À REPRENDRE CONFIANCE EN EUX, À CE QU'ILS ACCEPTENT À NOUVEAU L'IDÉE QU'ILS SONT CAPABLES.
OK, JE CROIS QUE JE COMPRENDS...
DRRRINNNG!!
QUAND IL FAUT Y ALLER...
ALORS LES 6E, ON Y RET...
M'SIEUR ! M'SIEUR !

Y A CLARA ET MÉLISSA QUI SONT À LA VIE SCOLAIRE PARCE QU'ELLES SE SONT BATTUES !
AH BON ?
EN FAIT Y A CLARA QUI EST ARRIVÉE ET MÉLISSA LUI A DIT : « TU VEUX QUOI LA DÉBILE ? »
OUAIS C'ÉTAIT VIOLENT !
GRAVE !
IL PARAÎT QUE CLARA VA ÊTRE VIRÉE !
ILS VONT APPELER SA FAMILLE D'ACCUEIL, C'EST OBLIGÉ !
MÉLISSA AVAIT DU SANG QUI COULAIT DE SON NEZ...
OUAIS BEN ELLE A PAS INTÉRÊT À ME TOUCHER, SINON J'APPELLE MON FRÈRE !
CHAIS PAS QUI A COMMENCÉ, J'ÉTAIS AUX CHIOTTES.
BON ! BON ! ON SE CALME ! ON VA REMONTER EN CLASSE.
ON VA CONTINUER LE TEXTE ?
ON VA CONTINUER, OUI. MAIS LA PROCHAINE FOIS, NOUS FERONS LES CHOSES DIFFÉREMMENT...
IL FAUT QUE JE FASSE LES CHOSES DIFFÉREMMENT.

ALORS, TU T'EN SORS ?
BOF.
J'ESSAYE DE TROUVER DES SOLUTIONS POUR LES 6E.
ET IL N'Y A RIEN QUI ME SEMBLE ADAPTÉ. ET TOI ?
ÇA VA. J'AI FINI MES PRÉPARATIONS POUR DEMAIN.
ET COMME IL EST DÉJÀ 22 H 30, JE VAIS ME COUCHER. TU VIENS ?
OUAIS, ENCORE 2 MINUTES ET J'ARRIVE.
OK...

ESSAYE DE NE PAS TE COUCHER TROP TARD.
HMM.
BONNE NUIT !

TOC!
TOC!
OUI ?
SALUT FRANÇOISE, EXCUSE-MOI DE TE DÉRANGER, EST-CE QUE JE PEUX TE PARLER ?
OUI, BIEN SÛR, ENTRE !
MERCI.
ÇA VA ? TU FAIS UNE DRÔLE DE TÊTE.
ÇA VA. JE MANQUE UN PEU DE SOMMEIL EN CE MOMENT.
J'AI FAIT QUELQUES RECHERCHES ET J'AI FINALEMENT EU DES IDÉES POUR AIDER LES 6E À AVOIR MOINS PEUR D'APPRENDRE.

PAR EXEMPLE, J'AIMERAIS BIEN ÉTUDIER LE FILM « LES PUISSANTS », JE NE SAIS PAS SI TU CONNAIS. ÇA RACONTE L'HISTOIRE DE DEUX ADOLESCENTS : L'UN EST TRÈS INTELLIGENT ET A UN HANDICAP MOTEUR, ET L'AUTRE EST TRÈS FORT, MAIS A DES DIFFICULTÉS À L'ÉCOLE.
J'AI ENVIE DE LEUR MONTRER QU'ON A TOUS DES FAIBLESSES ET QU'ELLES S'ACCOMPAGNENT SOUVENT D'UNE FORCE, IL SUFFIT DE LA TROUVER. JE TE RASSURE, ON FERA DES TRAVAUX D'ÉCRITURE ET D'ÉDUCATION CIVIQUE AUTOUR DU THÈME DE LA DIFFÉRENCE...
OUI, TU PEUX ÉTUDIER UN FILM SI TU VEUX, ÇA ME PARAÎT TRÈS BIEN.
AH, SUPER !
ET JE PENSAIS AUSSI TRAVAILLER SUR UN PROJET STREET ART AVEC LES 6E. J'AIMERAIS POUVOIR REPEINDRE UN DES MURS DU PRÉAU, TU CROIS QUE C'EST POSSIBLE ?
OUI, BIEN SÛR : TU FAIS UNE FICHE PROJET, TU VAS ACHETER LE MATÉRIEL AVEC UN BON DU COLLÈGE ET TU PEINS AVEC LES ÉLÈVES.
QUOI ? C'EST TOUT ? JE NE DOIS PAS RÉDIGER UNE DEMANDE À L'INSPECTEUR OU UN TRUC DANS LE GENRE ?
EN DEHORS, DE L'AUTORISATION DU CHEF D'ÉTABLISSEMENT, NON, TU N'AS RIEN À DEMANDER.
C'EST FOU ÇA, COMMENT ÇA SE FAIT ?
NON, CE N'EST PAS FOU. JE VAIS T'EXPLIQUER : TU ES EN SEGPA ET ICI TU PEUX FAIRE CE QUE TU VEUX.

CE QUE JE VEUX...
OUI HAHA ! JE LE SAVAIS HEIN ! HAHA...
OUI... ENFIN PAS TOUT ET N'IMPORTE QUOI NON PLUS HEIN !
ICI PERSONNE NE TE DEMANDERA DE BOUCLER UN PROGRAMME. CE QUI COMPTE C'EST QUE LES ÉLÈVES APPRENNENT, DÉVELOPPENT DES COMPÉTENCES, ET RETROUVENT LE GOÛT D'APPRENDRE ET DE VENIR À L'ÉCOLE.
ÇA VA ?
OUI, OUI ÇA VA ! C'EST JUSTE QUE ÇA CHANGE DE MES PRÉCÉDENTS POSTES EN ÉCOLE PRIMAIRE !
DRRRRIIING !

JE TE LAISSE, J'AI LES 6E ! MERCI POUR TES CONSEILS !
BLA BLA BLA BLA BLA BLA
ALORS, MES P'TITS BOUCHONS ? ÇA ROULE ?
EH M'SIEUR ! VOUS NOUS AVEZ TROP FAIT FLIPPER !
NORMAL. IL FAUT AVOUER QUE JE SUIS HYPER IMPRESSIONNANT COMME PROF.
PFFFF !
N'IMPORTE QUOI !
ALLEZ ! ÇA SUFFIT LES BÊTISES. AU BOULOT LES JEUNES !

W.-C.
BZZZZZ...

BONJOUR LES 6E ! IL FAIT BON AUJOURD'HUI, HEIN ?
ALLEZ, ON Y VA !
BONJOUR !
METTEZ-VOUS EN RANG...
ALLEZ-Y !
BONJOUR !
BONJOUR.
BONJOUR NEELA !
EUH...
BONJOUR CLARA !
HMM...

OK, J'AI FAIT L'APPEL : ON VA POUVOIR COMMENCER !
CLIC !
SORTEZ VOS CAHIERS !
M'SIEUR, ON EST EN MATHS ?
NON JASON, TU SAIS BIEN QUE CE N'EST PAS MOI TON PROF DE MATHS. ON EST EN MODULE !
C'EST LE CAHIER ROUGE NEELA… LE BLEU C'EST LES SCIENCES…
GNIII…
ALLEZ MÉLISSA !
M'SIEUR, J'AI LA FLEMME. Y FAIT TROP CHAUD.
OK, SUPER SALIM !
FAUT FAIRE QUOI ?
IL FAUT SORTIR LE CAHIER DE MODULE KEVIN !
AH OUAIS…
ALORS CLARA ? TON CAHIER !

ALLEZ CLARA !
TON CAHIER !
IL EST LÀ.

OUI... EUH... ALORS... ON... ON VA... COMMENCER... P... PRENEZ LE TEXTE !
OK.

DRRRIIIING !
JE VOUS LAISSE RANGER VOS AFFAIRES, PENSEZ À BIEN PRENDRE VOTRE CAHIER POUR LE PROCHAIN COURS !
À DEMAIN M'SIEUR !
À DEMAIN SALIM !
CLARA... ÇA VA ?
JE M'INQUIÈTE POUR TOI... TU ES EN SÉCURITÉ ICI, TU SAIS.
J'AI BESOIN DE M'ASSURER QUE TU VAS BIEN, ALORS ON VA DESCENDRE POUR DISCUTER AVEC LA DIRECTRICE. OK ?
HMM...

... OUI MADAME... OUI, C'EST BIEN SI VOUS VENEZ... ET POUR CETTE HISTOIRE DU MERCREDI ? JE SAIS BIEN. L'ÉCOLE EST OBLIGATOIRE LE MERCREDI AUSSI...
TRÈS BIEN. MERCI, À VOUS AUSSI.
BIP!
TOC!
TOC!
ENTREZ !
SALUT FRANÇOISE, ON PEUT TE DÉRANGER UNE MINUTE ?
OUI, JE T'EN PRIE. J'ÉTAIS EN TRAIN DE CALER LES RENDEZ-VOUS POUR LA RÉUNION PARENTS-PROFS.
VAS-Y CLARA, TU PEUX ENTRER.
AH... QU'EST-CE QUI SE PASSE CLARA ?
J'AI CONSTATÉ DES MARQUES SUR SON POIGNET...
C'EST BON. C'EST RIEN.

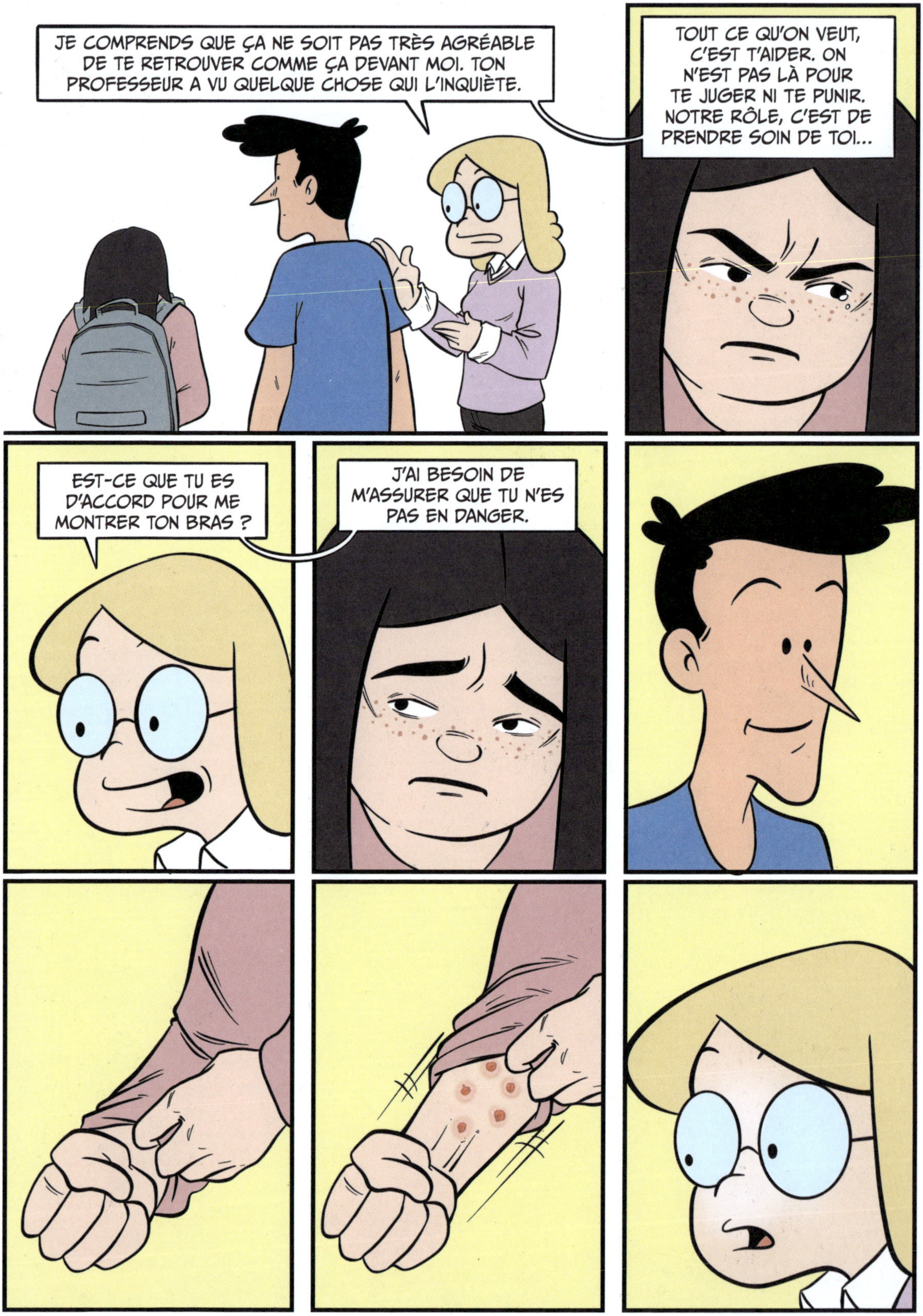
JE COMPRENDS QUE ÇA NE SOIT PAS TRÈS AGRÉABLE DE TE RETROUVER COMME ÇA DEVANT MOI. TON PROFESSEUR A VU QUELQUE CHOSE QUI L'INQUIÈTE.
TOUT CE QU'ON VEUT, C'EST T'AIDER. ON N'EST PAS LÀ POUR TE JUGER NI TE PUNIR. NOTRE RÔLE, C'EST DE PRENDRE SOIN DE TOI...
EST-CE QUE TU ES D'ACCORD POUR ME MONTRER TON BRAS ?
J'AI BESOIN DE M'ASSURER QUE TU N'ES PAS EN DANGER.

TU SAIS, CLARA... ON NE PEUT PAS LAISSER ÇA COMME ÇA. ON VA DEVOIR RENDRE VISITE À L'INFIRMIÈRE.
TU PEUX NOUS DIRE COMMENT C'EST ARRIVÉ ?
FSSH
C'EST PAS GRAVE.
C'EST TOUT CE QU'ON ESPÈRE. EN ATTENDANT, ON DOIT EN ÊTRE SÛRS.
ET PUIS TU SAIS, L'INFIRMIÈRE EST GENTILLE, ELLE VA REGARDER, DÉSINFECTER UN PEU ET TE METTRE UN BANDAGE.
JE VAIS L'ACCOMPAGNER POUR QUE TU PUISSES RETOURNER EN COURS.
OK !
MADAME ? VOUS POUVEZ NE PAS APPELER MA FAMILLE D'ACCUEIL ?
POURQUOI ?
PARCE QU'ILS VONT ENCORE SE METTRE EN COLÈRE...

AVANT DE COMMENCER CETTE SYNTHÈSE, J'AIMERAIS REVENIR SUR CE QU'IL S'EST PASSÉ CE MATIN AVEC CLARA.
OH OUI ! PAUVRE GAMINE.
ON SAIT CE QU'IL LUI EST ARRIVÉ ?
OK.
QUAND JE L'AI ACCOMPAGNÉE À L'INFIRMERIE, NOUS AVONS DISCUTÉ...
ELLE M'A CONFIÉ LA RAISON POUR LAQUELLE ELLE A ÉTÉ PLACÉE EN FAMILLE D'ACCUEIL ALORS QU'ELLE ÉTAIT EN CM1.
COMME JE VOUS L'AVAIS EXPLIQUÉ LORS DE LA PRÉ-RENTRÉE, SA MÈRE EST DÉCÉDÉE QUAND ELLE ÉTAIT TOUTE PETITE.
C'EST SON PÈRE QUI L'A ÉLEVÉE TOUT SEUL. UN SOIR, ALORS QU'IL AVAIT BU PLUS QUE D'HABITUDE...
IL A REJOINT CLARA DANS SA CHAMBRE.

IL A RECOMMENCÉ PLUSIEURS FOIS JUSQU'À CE QU'ELLE EN PARLE À UNE DE SES CAMARADES, QUI L'A TOUT DE SUITE RAPPORTÉ À SES PARENTS.
À LA SUITE DU SIGNALEMENT, ELLE A ÉTÉ PLACÉE EN FAMILLE D'ACCUEIL.
AU DÉBUT TOUT ALLAIT BIEN. MALHEUREUSEMENT, CE QU'ELLE A VÉCU EST REMONTÉ À LA SURFACE.
ELLE A COMMENCÉ À POSER DE PLUS EN PLUS DE PROBLÈMES DE COMPORTEMENT.
POUR LA CALMER, LA FAMILLE D'ACCUEIL UTILISE LES CHÂTIMENTS CORPORELS. ILS LUI BRÛLENT LES POIGNETS À LA CIGARETTE...
ÇA DURE DEPUIS DEUX ANS. ELLE N'A JAMAIS OSÉ EN PARLER...
... PAR PEUR QU'ILS NE SE METTENT ENCORE PLUS EN COLÈRE.

PAUVRE GAMINE...
QU'EST-CE QUI VA LUI ARRIVER MAINTENANT ?
J'AI EU L'ÉDUC AU TÉLÉPHONE JUSTE AVANT... À LA SUITE DE NOTRE SIGNALEMENT, ILS VONT PORTER PLAINTE...
OUAIS, SI CLARA ACCEPTE DE TÉMOIGNER !
TU CROIS QU'ELLE NE LE FERAIT PAS ?
ELLE LE FERA...

... J'EN SUIS SÛRE !
VAS-Y, TU PEUX ENTRER.
VOILÀ TA CHAMBRE ! TU VAS LA PARTAGER AVEC MARIE.
SALUT !
JE TE LAISSE T'INSTALLER ! JE REPASSE DANS UNE DEMI-HEURE POUR TE FAIRE VISITER LE SERVICE.
TU VAS ÊTRE BIEN ICI, ON VA PRENDRE SOIN DE TOI. TU LE MÉRITES.

M'SIEUR, VOUS CROYEZ QUE CLARA VA REVENIR EN 5E ?
JE NE SAIS PAS... JE L'ESPÈRE EN TOUT CAS !
DRRRIIIING !
BONNES VACANCES À TOUS ! REPOSEZ-VOUS BIEN PENDANT CES DEUX MOIS !
BONNES VACANCES M'SIEUR !
KRRRRR
CLAC !
APRÈS CETTE ANNÉE EN SEGPA, TU REPARS VERS DE NOUVEAUX HORIZONS ?
TU RIGOLES ?
ICI, J'AI L'IMPRESSION D'AVOIR TROUVÉ EXACTEMENT CE QUE JE CHERCHAIS EN DEVENANT ENSEIGNANT !

Année 2
La cinquième

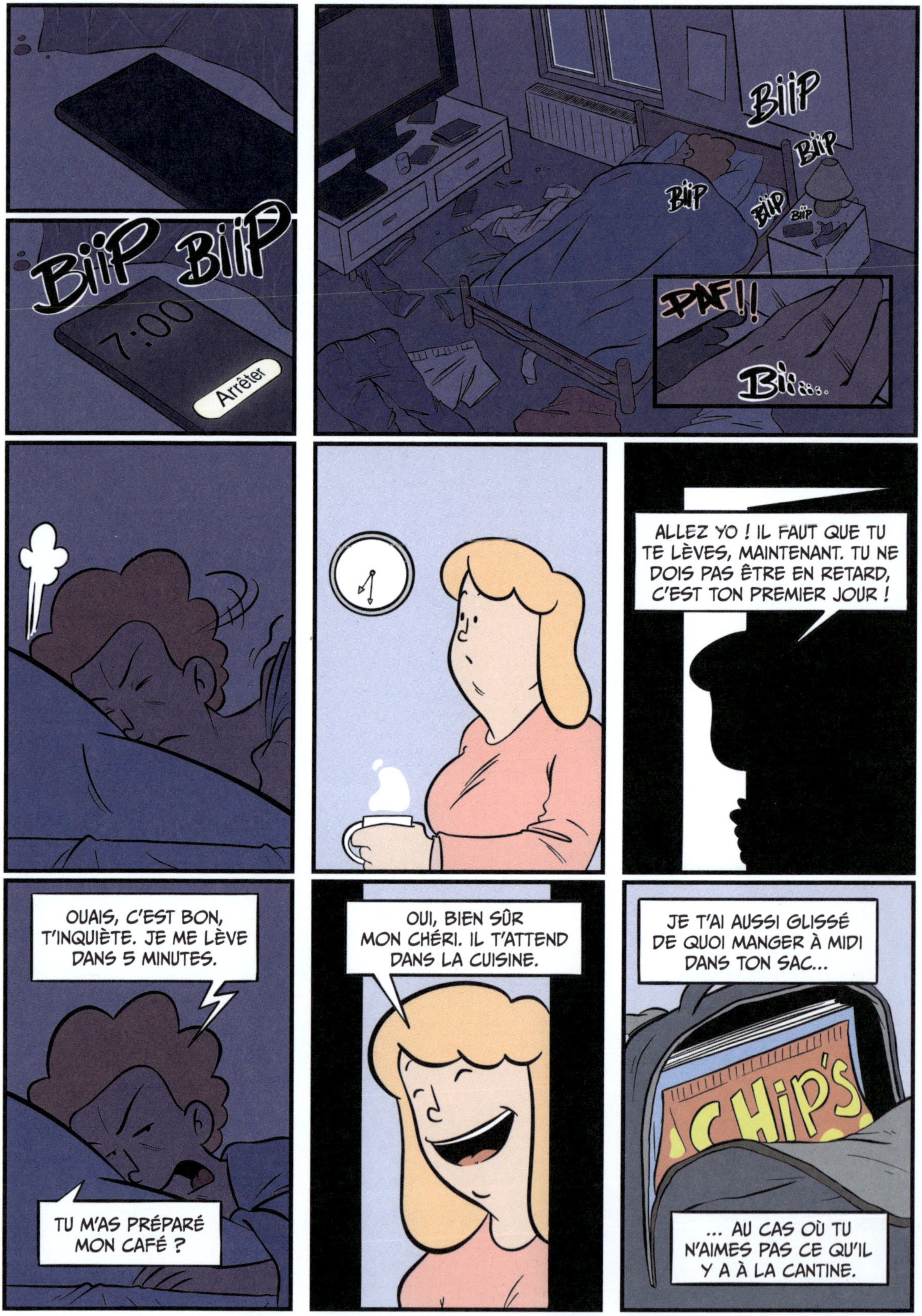
BIIP BIIP
7:00
Arrêter
BIIP
BIIP
BIIP
BIIP
BIIP
BIIP
PAF !!
BII...
ALLEZ YO ! IL FAUT QUE TU TE LÈVES, MAINTENANT. TU NE DOIS PAS ÊTRE EN RETARD, C'EST TON PREMIER JOUR !
OUAIS, C'EST BON, T'INQUIÈTE. JE ME LÈVE DANS 5 MINUTES.
TU M'AS PRÉPARÉ MON CAFÉ ?
OUI, BIEN SÛR MON CHÉRI. IL T'ATTEND DANS LA CUISINE.
JE T'AI AUSSI GLISSÉ DE QUOI MANGER À MIDI DANS TON SAC...
CHIP'S
... AU CAS OÙ TU N'AIMES PAS CE QU'IL Y A À LA CANTINE.

TU AS TOUTES TES AFFAIRES ?
OUAIS.
PASSE UNE BONNE JOURNÉE ET NE TRAÎNE PAS EN ROUTE !
HMM...
TU ES EN QUELLE CLASSE TU DIS ?
EN 5E.
AH... C'EST BIZARRE, J'AI PAS UN SEUL YOAN EN 5E.
HMM...
C'EST NORMAL ! IL EST CHEZ NOUS !
MAIS IL A DÛ OUBLIER QUE LA RENTRÉE ÉTAIT À 8 H ET NON À 9 H !
ALLEZ ! SUIS-MOI, JE T'EMMÈNE JUSQU'À TA CLASSE !
HMM...

POUR LA SUITE, IL FAUDRA BIEN QUE TU RESPECTES LES HORAIRES DU COLLÈGE...
C'EST LE BUS...
ICI C'EST LE BÂTIMENT OÙ TU VAS AVOIR COURS LA PLUPART DU TEMPS.
ENLÈVE TA CAPUCHE.
... ET DONC PENDANT CETTE ANNÉE DE 5E, VOUS ALLEZ ENCORE ÊTRE EN MODULE AVEC MOI, MAIS AUSSI EN ARTS PLASTIQUES !
TES CAMARADES SONT DÉJÀ AU TRAVAIL AVEC M. THOUGUI.
TOC! TOC!
ENTREZ !

BONJOUR ANTOINE, BONJOUR À TOUS ! ALORS, JE VOUS PRÉSENTE YOAN, QUI REJOINT VOTRE CLASSE CETTE ANNÉE.
JE COMPTE SUR VOUS POUR LUI EXPLIQUER COMMENT FONCTIONNE LE COLLÈGE. EUH... JE NE SAIS PLUS, TU MANGES À LA CANTINE ?
NON.
OK, DONC C'EST PAS LA PEINE QUE JE T'EXPLIQUE POUR LES CARTES DE CANTINE.
BON. JE VOUS LAISSE, À PLUS TARD !
BIENVENUE YOAN !
JE T'EN PRIE, ASSIEDS-TOI. IL RESTE QUELQUES PLACES.

IL RESTE UNE PLACE LÀ-BAS OU DEVANT, COMME TU VEUX.
OK.
IL EST CHELOU, TU TROUVES PAS ?
OUAIS, GRAVE !
M'SIEUR ?! IL VA RESTER DANS NOTRE CLASSE TOUTE L'ANNÉE ?
ÉVIDEMMENT JASON ! ET PENSE À ATTENDRE QUE JE TE DONNE LA PAROLE AVANT DE PARLER.
OUAIS MAIS J'AI LEVÉ LE DOIGT !
MÊME !
EH M'SIEUR, IL ÉTAIT DANS QUEL COLLÈGE AVANT ?
N'HÉSITE PAS À LUI DEMANDER DIRECTEMENT NOLAN !
J'ÉTAIS À SAINTE-MARIE.

JE C... CONNAIS SAINTE-M... MARIE. MON COU... COUSIN Y VA. C'EST UN CO... COLLÈGE PRIVÉ.
AH OUAIS, C'EST UN COLLÈGE POUR LES RICHES ÇA !
ET POURQUOI T'Y VAS PLUS ? T'ES DEVENU PAUVRE, C'EST POUR ÇA QUE T'ES LÀ MAINTENANT ?
C'EST HYPER PERSONNEL CE QUE TU POSES COMME QUESTION JASON.
C'EST VRAI QUE LES COLLÈGES PRIVÉS SONT PAYANTS, MAIS ÇA NE VEUT PAS DIRE QUE CEUX QUI Y VONT SONT FORCÉMENT RICHES.
KEVIN !
BEN ALORS POURQUOI T'ES VENU ICI SI T'ES PAS PAUVRE ?
TU N'ES PAS OBLIGÉ DE RÉPONDRE YOAN !
NAN, JE M'EN FICHE.
SI JE SUIS VENU ICI, C'EST POUR UNE BONNE RAISON...

HÉ DIS DONC FRANÇOISE, IL A L'AIR BIEN SÛR DE LUI LE NOUVEAU EN 5E !
AH OUI ! YOAN.
TU AS DES INFOS SUR LUI ? IL DIT QUE LES ÉLÈVES DE SAINTE-MARIE SONT « TOUS DES CASSOS ».
AH ! PARCE QUE LUI IL EST DIFFÉRENT ?
EUH... CE QUE J'EN SAIS, D'APRÈS SON DOSSIER, C'EST QU'IL A DE GROSSES DIFFICULTÉS D'APPRENTISSAGE...

J'AI CONTACTÉ SON ANCIEN COLLÈGE. D'APRÈS EUX, SA DYSLEXIE ÉTAIT TELLEMENT IMPORTANTE QU'ILS L'ONT PASSÉ DANS UNE SORTE DE CLASSE « SPÉCIALE ».
IL A TRÈS MAL VÉCU CE CHANGEMENT ET IL A COMMENCÉ À ÊTRE DE PLUS EN PLUS ABSENT.
Collège GARIBALDI
D'APRÈS SA MÈRE, QUE J'AI RENCONTRÉE AVANT LA RENTRÉE, C'EST UN GARÇON SOLITAIRE.
D'AILLEURS C'EST ÉTONNANT QU'IL NE MANGE PAS À LA CANTINE. IL HABITE AU CENTRE-VILLE.
ÇA DOIT LUI PRENDRE AU MOINS 25 MINUTES DE RENTRER EN BUS POUR MANGER.
CHIP'S
OUAIS ! IL A INTÉRÊT À MANGER VITE DIS DONC !

BON LES JEUNES, J'ESPÈRE QUE LA DIGESTION SE PASSE BIEN !
AUJOURD'HUI NOUS ALLONS TRAVAILLER SUR UN NOUVEAU TEXTE. IL S'AGIT D'UN LIVRE ÉCRIT PAR ANTOINE DE SAINT-EXU...
Le Petit Prince
DING !
AH ÇA M'SIEUR C'EST UNE NOTIF ! VOUS AVEZ EU AU MOINS UN LIKE.
VOUS ÊTES UN VRAI INFLUENCEUR !
HAHAHA !
OH ÇA VA HEIN ! SI ÇA SE TROUVE J'AI PLUS DE 20 000 FOLLOWERS SUR INSTA SANS QUE VOUS LE SACHIEZ !
HAHA ! HA HA !!!
OUI BON ÇA VA HEIN ! JE VAIS METTRE MON TÉLÉPHONE EN SILENCIEUX.
ÇA M'ÉVITERA D'ENTENDRE VOS BÊTI... OH.

ALORS ÇA Y EST, VOUS ÊTES DEVENU CÉLÈBRE !
EUH... NON... ENFIN PAS TOUT À FAIT... HUM.
ALLEZ, ON VA CONTINUER... EUH... J'EN ÉTAIS OÙ ?
BEN VOUS ÉTIEZ EN TRAIN DE NOUS PARLER D'UN LIVRE ÉCRIT PAR ANTOINE DE SAINT-ESPRIT J'CROIS !
HAHA OUI ! ANTOINE DE SAINT-EXUPÉRY !
MERCI JASON !
C'EST UN DES AUTEURS FRANÇAIS LES PLUS CONNUS DANS LE MONDE !
AVEZ-VOUS DÉJÀ ENTENDU PARLER DU « PETIT PRINCE » ?

SORTEZ VOS CAHIERS, JE VAIS DISTRIBUER LE 1ER CHAPITRE.
UNE FOIS QUE VOUS AVEZ COLLÉ LE TEXTE, VOUS COMMENCEZ À LIRE.
MERCI !
TU T'EN SORS AVEC TA FEUILLE ?
OUI.
ÇA VA.
C'EST JUSTE QUE LÀ, ELLE ÉTAIT TROP GRANDE, ALORS JE L'AI COUPÉE, MAIS J'AI DÛ RECOMMENCER PARCE QUE JE N'AVAIS PAS COUPÉ DROIT...
OK, MAIS DÉPÊCHE-TOI, LES AUTRES ONT PRESQUE TERMINÉ DE LIRE.

M'SIEUR ? ON FAIT QUOI QUAND ON A FINI DE LIRE ?
TU PEUX COMMENCER À RÉPONDRE AUX QUESTIONS.
ALLEZ, C'EST BON, ELLE EST BIEN COLLÉE TA FEUILLE ! LIS LE TEXTE RAPIDEMENT ET RÉPONDS AUX QUESTIONS !
T'ES EN RETARD LÀ !
BIEN. ON VA LIRE LE TEXTE ENSEMBLE AVANT DE CORRIGER LES QUESTIONS.
YOAN, C'EST TOI QUI COMMENCES ?
YOAN ?
Le Petit Prince
J'PEUX PAS... J'AI PAS ENCORE COLLÉ MON TEXTE...

QUOI
C'EST QUAND MÊME PAS DIFFICILE DE METTRE DE LA COLLE SUR UNE FEUILLE ! IL VA FALLOIR TE SECOUER UN PEU MON P'TIT GARS !
LES AUTRES ONT DÉJÀ LU LE TEXTE ET RÉPONDU AUX QUESTIONS ! COMMENT ON FAIT MAINTENANT ? ON T'ATTEND ?
ON VA PAS Y PASSER LA SEMAINE HEIN ! SÉRIEUSEMENT, YOAN, COMMENT VEUX-TU QU'ON FASSE SI TOUS LES ÉLÈVES PRENNENT UNE DEMI-HEURE POUR COLLER LA MOITIÉ D'UNE FEUILLE ?

RETOURNE À TA PLACE YOAN.
JE NE TE LAISSERAI PAS
QUITTER LA SALLE.

NOOON C'EST CHAUD ! ÇA S'EST TERMINÉ COMMENT ?
HONNÊTEMENT, J'AI CRU QU'IL ALLAIT M'EN COLLER UNE.
AH OUAIS TU M'ÉTONNES ! ÇA DEVAIT ÊTRE TENDU L'AMBIANCE.
OUI, ÇA L'ÉTAIT ! ON EST RESTÉS COMME ÇA QUELQUES SECONDES. PLUS PERSONNE NE PARLAIT...
ET COMMENT T'AS FAIT POUR DÉBLOQUER LA SITUATION ?
J'AI RIEN FAIT. C'EST LUI QUI A BOUGÉ LE PREMIER.
LAISSEZ-MOI PASSER.
IL ÉTAIT TOUT BLANC. JE VOYAIS SES POINGS SE SERRER.
TU L'AS RETENU ?
NON. IL ÉTAIT TELLEMENT EN COLÈRE QUE JE PENSE QU'IL M'AURAIT FRAPPÉ SI J'ÉTAIS RESTÉ DEVANT LA PORTE.

J'AI ENVOYÉ UN ÉLÈVE CHERCHER FRANÇOISE. ELLE L'A ACCOMPAGNÉ À L'INFIRMERIE. SA MÈRE EST VENUE LE RÉCUPÉRER.
TU PENSES QUE VOUS ALLEZ LE SANCTIONNER ?
ON EST OBLIGÉS : ENTRE L'ATTITUDE INADAPTÉE ET LE FAIT QU'IL AIT QUITTÉ LA CLASSE... ET PUIS IL FAUT AUSSI QUE LES AUTRES VOIENT QUE NOUS RÉAGISSONS...
EH BEN... QUELLE JOURNÉE !
OUAIS. ET TU NE SAIS PAS TOUT...
?
J'AI REÇU UN MAIL SUR MON TÉLÉPHONE AVANT QUE ÇA PARTE EN LIVE...
JE VAIS ÊTRE INSPECTÉ CETTE ANNÉE.

... AUTRE POINT QUE J'AIMERAIS ABORDER AVEC VOUS : LA RÉUNION PARENTS-PROFS.
AH MAIS OUI, C'EST VRAI, J'AVAIS OUBLIÉ, ON EST DÉJÀ EN NOVEMBRE !
AH OUAIS... ON VA ENCORE POIREAUTER DEUX HEURES POUR NE VOIR QUE TROIS PARENTS...
OUAIS, MAIS C'EST BIEN AUSSI DE RENCONTRER LES PARENTS ! IL Y EN A QUI VIENNENT À CHAQUE FOIS !
JE VOUS AI SORTI LES MOTS À DISTRIBUER AUX ÉLÈVES.
N'OUBLIEZ PAS DE LEUR RAPPELER DE RENDRE LE COUPON-RÉPONSE AVANT LE 15.
ET FAITES ATTENTION À CE QUE LE PAPIER SOIT BIEN...
... GLISSÉ DANS VOTRE CARNET DE CORRESPONDANCE ET NON COLLÉ... N'EST-CE PAS JASON ?
M'SIEUR ? MOI MES PARENTS, ILS NE VONT PAS VENIR...

AH... EUH OUI, CLARA. ET TU N'AS PERSONNE DU FOYER QUI PEUT VENIR ?
EUH... J'VAIS DEMANDER À MES ÉDUCS S'ILS PEUVENT !
MOI JE SAIS PAS SI ELLE PEUT VENIR MA MÈRE PARCE QU'ELLE TRAVAILLE LES LUNDIS.
ÇA TOMBE BIEN : LA RÉUNION EST UN MARDI.
ET TOI NEELA, TES PARENTS VONT POUVOIR VENIR ?
NEELA ?
GNNNIIIIIII !
MOI, MA M... MÈRE ELLE V... VIENT.
AH SUPER SALIM !
MOI, MON PÈRE IL VIENT.
TRÈS BIEN NOLAN, ON VA POUVOIR PARLER DE TON COMPORTEMENT.
MA MÈRE ELLE PEUT PAS.
PRENDS QUAND MÊME LA FEUILLE.
NAN, ELLE PEUT PAS.
BIEN. N'OUBLIEZ PAS QUE LA RÉUNION EST MARDI 12 À PARTIR DE 16 H !
ET VOUS POUVEZ ÉVIDEMMENT VENIR AVEC VOS PARENTS !

... DEPUIS QU'ELLE EST REVENUE, CLARA SEMBLE S'ÊTRE APAISÉE.
OUI C'EST VRAI QU'ELLE VA MIEUX. BON APRÈS LA VIE AU FOYER N'EST PAS TOUJOURS FACILE... HEIN CLARA ?
HMM.
NON MAIS ON VA PAS SE MENTIR HEIN. QUAND J'OUBLIE D'Y DONNER SES GOUTTES DE RITALINE, C'EST VRAI QUE L'GAMIN EST LÉGÈREMENT PLUS ÉNERVÉ QUE D'HABITUDE.
ET DU COUP, BEN... C'EST VRAI QU'ON Y VOIT PLUS QU'IL EST HYPERACTIF HEIN !
VOUS SAVEZ, JE SUIS TOUT LE TEMPS DERRIÈRE LUI SINON IL NE BOSSE PAS. ET PUIS AVEC SES DIFFICULTÉS, IL FAUT ABSOLUMENT QU'IL GARDE LE RYTHME.
VOUS AVEZ RAISON, C'EST IMPORTANT DE CONTINUER À SUIVRE.
MOI, QUAND J'ÉTAIS GAMIN, ON M'A JAMAIS RIEN ACCORDÉ. J'AI ÉTÉ ÉLEVÉ À LA DURE ET J'VEUX PAS QU'MON FILS SOIT ÉLEVÉ COMME ÇA. J'VEUX QUI SOIT HEUREUX ! ALORS Y FAIT BIEN C'QUI VEUT MON KEVIN !
TU ATTENDS QUI, LÀ ?
LES PARENTS DE NEELA. ILS ONT PRIS RENDEZ-VOUS, NORMALEMENT...
AH...
... J'AI DISCUTÉ AVEC LUI, IL M'A PROMIS DE NE PAS RECOMMENCER CES HISTOIRES DE SORTIR DE LA CLASSE.
HEIN YO ? FAUT PLUS QUE TU FASSES ÇA !

EH BEN VOILÀ UNE BONNE CHOSE DE FAITE ! ÇA A ÉTÉ ? TU FAIS UNE DRÔLE DE TÊTE...
OUI ÇA VA, ÇA S'EST BIEN PASSÉ. C'EST JUSTE QUE PARFOIS JE REJOINS PHILIPPE. J'AI LA SENSATION QUE CES RÉUNIONS NE SERVENT À RIEN.
TU SAIS, PHILIPPE ÇA FAIT LONGTEMPS QU'IL EST EN SEGPA... PEUT-ÊTRE TROP.
JE CROIS QUE C'EST IMPORTANT QUE NOUS RENCONTRIONS LES PARENTS.
TU CROIS ?
OUI, JE CROIS. LES PARENTS SONT LES PREMIERS À POUVOIR INFLUENCER L'ITINÉRAIRE DE VIE DE LEUR ENFANT...
J'AI RENCONTRÉ DES GAMINS QUI AURAIENT EU UNE SCOLARITÉ TOUT À FAIT NORMALE, SI LA FAMILLE NE LES AVAIT PAS BOUSILLÉS.
DANS CERTAINS CAS, JE SUIS MÊME PERSUADÉE QUE LA FAMILLE PEUT COMPENSER CERTAINS HANDICAPS.
ATTENDS... ÇA VOUDRAIT DIRE QUE LES FAMILLES PEUVENT ÊTRE LA SOURCE DU PROBLÈME ?
OUI. C'EST POURQUOI JE CROIS QU'IL EST IMPORTANT DE TRAVAILLER AVEC LES PARENTS POUR LES AIDER AU MIEUX.
MALHEUREUSEMENT, ON A BEAU ESSAYER...

... ÇA NE FONCTIONNE PAS TOUJOURS...
POURQUOI TU ME REGARDES ?
'AZY, T'AS PÉTÉ UN PLOMB, JE TE REGARDE MÊME PAS !
POURQUOI TU MENS ? TU FAIS QUE D'ME REGARDER DEPUIS TOUT À L'HEURE !
SÉRIEUX, C'EST UNE OUF ELLE !
HEY TU M'PARLES PAS COMME ÇA, LA VIE D'MA MÈRE ! J'VAIS T'NIQUER !
FAIS PAS LA MALIGNE WESH ! J'SUIS PAS TON POTE !
TROIS JOURS QUE TU ES LÀ ET DÉJÀ UNE BAGARRE À LA CANTINE !
EST-CE QUE C'EST CETTE IMAGE DE TOI QUE TU VEUX DONNER ?
HEIN KELLY ? QU'EST-CE QUE TU EN PENSES ?

... JE VOUS REMERCIE DE VOTRE PRÉSENCE À CETTE RÉUNION AUJOURD'HUI AFIN QUE NOUS PUISSIONS FAIRE LE POINT SUR KELLY MOREAU.
JE VAIS PEUT-ÊTRE VOUS LAISSER VOUS PRÉSENTER !
BONJOUR, ÉDOUARD NACAL, PSYCHOLOGUE.
BONJOUR. JULIETTE BRAIN, ÉDUCATRICE DU FOYER.
MAIS M'SIEUR, C'EST LUI AUSSI LÀ ! IL FAIT QUE DE ME FIXER QUAND ON EST À LA CANTINE !
LES PROFESSEURS DE SEGPA, REPRÉSENTÉS AUJOURD'HUI PAR M. KARKAROV, ET MOI-MÊME AVONS SOUHAITÉ VOUS RENCONTRER AFIN DE MIEUX CONNAÎTRE KELLY.
BONJOUR !
MAIS J'EN AI MARRE ! C'EST TOUJOURS DE MA FAUTE LÀ !
À LA SUITE DE PLUSIEURS SIGNALEMENTS, KELLY A ÉTÉ PLACÉE EN URGENCE AU FOYER...
T'FAÇON JE M'EN BATS LES COUILLES : JE VAIS RETOURNER CHEZ MA MÈRE ET J'VIENDRAI PLUS DANS CE COLLÈGE POURRI !

DEPUIS SON PLACEMENT, KELLY NE SONGE QU'À RENTRER CHEZ ELLE.
MALGRÉ LES EXPÉRIENCES TRAUMATISANTES AUXQUELLES ELLE A ÉTÉ CONFRONTÉE, ELLE RESTE LOYALE ENVERS SA FAMILLE...
EN MÊME TEMPS C'EST NORMAL...
BON, ÉCOUTE, KELLY. TU PRENDS LE TEMPS DE TE CALMER ET ENSUITE TU RENTRES EN CLASSE. ÇA TE CONVIENT ?
NON, C'EST BON, J'AI PAS BESOIN DE ME CALMER.
COMME TU VEUX.
... POUR LE MOMENT NOUS AVONS BEAUCOUP DE MAL À ENTRER EN COMMUNICATION ELLE ET MOI. ELLE REFUSE TOUT DIALOGUE.
BIEN... SORTEZ LE CHAPITRE 6 DU « PETIT PRINCE » POUR COMMENCER À LE LIRE.
CLAC !
M'SIEUR ! J'ARRIVE PAS À LIRE.
COMMENT ÇA ?
JE SAIS PAS, J'ARRIVE PAS C'EST TOUT !
C'EST ÉTONNANT ! IL NE SEMBLE PAS Y AVOIR DE PROBLÈME D'IMPRESSION DANS TON LIVRE POURTANT...

KELLY EST UNE JEUNE PERTURBÉE ET PERDUE DANS SA VIE. ELLE CHERCHE UN MAXIMUM D'ATTENTION... PAR TOUS LES MOYENS...
ET JE COMPRENDS RIEN À VOTRE TRUC LÀ !
DU CALME KELLY, ON VA REGARDER ENSEM...
NON ÇA SERT À RIEN, JE VOUS DIS ! JE COMPRENDS PAS !
MERCI POUR CETTE SYNTHÈSE. AVANT DE CLORE CETTE RÉUNION, NOUS AURIONS BESOIN DE SAVOIR À QUOI NOUS DEVONS NOUS ATTENDRE AVEC CETTE JEUNE AFIN D'ADAPTER AU MIEUX NOTRE COMPORTEMENT.
VOUS DEVEZ GARDER À L'ESPRIT QUE KELLY A PASSÉ TOUTE SA VIE ENTOURÉE D'ADULTES TOXIQUES QUI NE LUI ONT APPORTÉ QUE DES SOUFFRANCES...
ELLE VA AVOIR BESOIN DE TEMPS...
... POUR VOUS FAIRE CONFIANCE ET CROIRE EN SA RÉUSSITE.
DE TOUTE FAÇON JE N'Y ARRIVE PAS. ÇA SERT À RIEN.

VVVVV!
VVVV
SALUT ANTOINE ! ÇA VA ?
BOF, OUI... JE VIENS D'AVOIR DEUX HEURES DE 5E... C'EST PAS TOUJOURS ÉVIDENT AVEC EUX !
VVVV!
OUI, JE SUIS D'ACCORD ! ET TON INSPECTION, TU AS DES NOUVELLES ?
POC
BEN JUSTEMENT ! J'AI EU UN MAIL VENDREDI SOIR...
L'INSPECTEUR VIENT ME VOIR DANS TROIS SEMAINES...
AH. ET ÇA VA ? PAS TROP STRESSÉ ?
SI, J'AI LA PRESSION.

AH BON, TANT QUE ÇA ?
OUAIS...
JE COMPRENDS, LA PREMIÈRE INSPECTION C'EST TOUJOURS UN PEU SPÉCIAL ! JE ME SOUVIENS DE LA MIENNE, JE...
NON, C'EST PAS LE FAIT QUE CE SOIT LA PREMIÈRE QUI M'INQUIÈTE.
J'AI VRAIMENT ENVIE DE RESTER EN SEGPA ET CETTE INSPECTION ME PERMETTRAIT D'AVOIR LE FEU VERT DE L'INSPECTEUR POUR M'INSCRIRE À L'EXAMEN DE PROFESSEUR DES ÉCOLES SPÉCIALISÉ...
AH OK. MAIS JE NE SAVAIS PAS QU'IL FALLAIT IMPÉRATIVEMENT L'ACCORD DE L'INSPECTEUR POUR S'INSCRIRE AU CAPPEI.
NON, PAS NÉCESSAIREMENT ! MAIS TU SAIS COMMENT ÇA MARCHE : MIEUX VAUT QUE LE JURY SOIT DÉJÀ CONVAINCU AVANT D'ARRIVER DANS TA CLASSE !
PFFF... OUAIS. BEN JE SUIS BIEN CONTENTE D'ÊTRE PROF D'ATELIER ET DE NE PAS ÊTRE OBLIGÉE DE PASSER CET EXAMEN !

ET TU SAIS CE QUE TU VAS LUI PRÉSENTER, À L'INSPECTEUR ?
OUI. JE VIENS DE COMMENCER UN PROJET AUTOUR DU STREET ART. NORMALEMENT IL VERRA LA PHASE DE CRÉATION DES POCHOIRS.
J'AI ANNONCÉ AUX 5E CE MATIN QU'EN PLUS DE PEINDRE UN MUR DU COLLÈGE, NOUS ALLONS LE FAIRE EN COOPÉRATION AVEC JEAN-FRANÇOIS JOUILLARD, LE PROF D'ARTS PLASTIQUES...
BON LES JEUNES ! COMME NOUS AVONS TERMINÉ DE TRAVAILLER SUR LA PERSPECTIVE, NOUS ALLONS ABORDER UN NOUVEAU SUJET...
LE STREET ART...
OUAAAAIIIIIS !!
... AVEC LA CLASSE DE 5E3 !
...

SÉRIEUX M'SIEUR ! ON EST OBLIGÉS DE TRAVAILLER AVEC CEUX DU GÉNÉRAL ?
EUH... BEN EUH... OUI ! IL FAUT BIEN QU'ON SE MÉLANGE AUX AUTRES DE TEMPS EN TEMPS...
ON NE VA PAS RESTER DANS NOTRE SEGPA TOUTE L'ANNÉE ! IL FAUT RENCONTRER LES AUTRES AUSSI.
VOUS N'ÊTES PAS D'ACCORD ?
BEN... VOUS SAVEZ M'SIEUR...
DÈS QU'ON EST MÉLANGÉS À CEUX DU GÉNÉRAL, ON SE PREND DES REMARQUES...

ET TU VAS QUAND MÊME LE FAIRE, CE PROJET STREET ART AVEC LA CLASSE DE 5E GÉNÉRALE ?
BEN OUAIS. ILS ONT PEUR, MAIS JE SUIS SÛR QU'ILS SERONT FIERS D'EUX APRÈS.
ET J'AI PLUS LE CHOIX, L'INSPECTEUR VIENT DANS DEUX SEMAINES...
... JE NE VAIS PAS COMMENCER AUTRE CHOSE.
OUI, JE COMPRENDS. TU EN ES OÙ D'AILLEURS ?
ON A COMMENCÉ À RÉFLÉCHIR AU THÈME DE LA FRESQUE.
ON A FAIT UN BRAINSTORMING AUTOUR DU CONCEPT DE « CITOYENNETÉ ».
CITOYEN
C'EST LE THÈME QU'ON A CHOISI AVEC MON COLLÈGUE !
OUI YOAN, « INTÉGRISME » C'EST INTÉRESSANT, MAIS JE NE SAIS PAS SI ÇA RENTRE DANS LE THÈME. TOUT LE MONDE SAIT CE QUE ÇA SIGNIFIE ?
loi
MOI JE SAIS M'SIEUR !
CITOYENNETÉ
liberté
vivre ensemble

OUI JASON !
LES INTÉGRISTES, C'EST PAS DES GROS GEEKS DE LA PRIÈRE ?
C'EST UNE DÉFINITION INTÉRESSANTE ET CE N'EST PAS TOTALEMENT FAUX !
ENSUITE, ON A CHERCHÉ DES DÉFINITIONS DU MOT CITOYENNETÉ SUR PLUSIEURS SUPPORTS...
C'EST NORMAL QUE TU NE TROUVES PAS. CITOYENNETÉ ÇA S'ÉCRIT AVEC UN « C ».
OK LES JEUNES, ON VA METTRE VOS RECHERCHES EN COMMUN.
NOLAN, TU COMMENCES ? ALLEZ !
LA CITOYENNETÉ EST LE FAIT POUR UN INDIVIDU, POUR UNE FAMILLE OU POUR UN GROUPE, D'ÊTRE RECONNU OFFICIELLEMENT COMME CITOYEN, C'EST-À-DIRE MEMBRE D'UNE VILLE AYANT LE STATUT DE CITÉ, OU PLUS GÉNÉRALEMENT D'UN ÉTAT. EN FRANCE, EN 1789, LE MOT CITOYEN A REMPLACÉ CELUI DE BOURGEOIS. IL N'Y A PAS DE CITOYENNETÉ GLOBALE, MÊME SI BEAUCOUP DE PERSONNALITÉS SE SONT REVENDIQUÉES COMME CITOYENS DU MONDE OU COSMOPOLITES.
?
?

MERCI NOLAN ! JE VOIS QUE TU MAÎTRISES PARFAITEMENT LE « COPIER-COLLER » !
J'T'AVAIS DIT QUE T'ALLAIS TE FAIRE GRILLER !
ENSUITE, APRÈS AVOIR DÉFINI CE QU'EST LA CITOYENNETÉ...
... NOUS AVONS DE NOUVEAU FAIT UN BRAINSTORMING.
APRÈS QUOI, CHAQUE ÉLÈVE A CHOISI UN MOT QU'IL VA DEVOIR TRANSFORMER EN POCHOIR.
TC
VOTE
VIVRE
C'EST COOL COMME PROJET. ET TU TE SENS PRÊT POUR TON INSPECTION DEMAIN ?
BEN...
JE NE SAIS PAS... J'ESPÈRE QUE JE NE VAIS PAS DEVOIR GÉRER UNE CRISE AVEC KELLY. SI ELLE POUVAIT ÊTRE ABSENTE, ÇA, JE T'AVOUE QUE ÇA M'ARRANGERAIT !

OUI KELLY ?
LA DERNIÈRE FOIS ON A TRAVAILLÉ SUR LE STREET ART.
OUI... EUH... TOUT À FAIT ! ET QUEL EST NOTRE PROJET ?
OUI NOLAN.
BEN ON A CHOISI LE THÈME DE LA CITOYENNETÉ POUR REPEINDRE LE MUR DU PRÉAU DE LA COUR DES 6E AVEC DES POCHOIRS.
HM...
EUH OUI... EN EFFET ! TRÈS BIEN NOLAN !
AUJOURD'HUI NOUS ALLONS PASSER À LA SUITE DU PROJET : COMMENCER À FAIRE LE DESIGN DE NOS POCHOIRS !

... OUI, C'EST TRÈS BIEN, IL FAUT QUE TU FASSES ATTENTION À NE PAS LAISSER UN ÉLÉMENT DÉTACHÉ DU RESTE DU POCHOIR...
... SINON AU DÉCOUPAGE IL VA TOMBER ET ON NE LE VERRA PLUS !
BIEN JASON ! OUI, TU PEUX INTÉGRER UN VISAGE À TON POCHOIR... HUM.
MAIS ON NE VA SANS DOUTE PAS AVOIR LE TEMPS, ALORS ON VERRA PEUT-ÊTRE CETTE IDÉE LA PROCHAINE FOIS !
OK LES JEUNES, ÇA VA SONNER ! RANGEZ VOS POCHOIRS.
ON LES MET OÙ ?
EUH BEN... EUH... DANS VOTRE CLASSEUR ?
DANS QUELLE PARTIE ?
LA PARTIE ARTS PLASTIQUES !
HEIN ? MAIS ON N'A PAS DE PARTIE ARTS PLASTIQUES !

AH. EUH...
LAISSEZ-LES SUR VOS TABLES, JE M'EN OCCUPERAI TOUT À L'HEURE.
À DEMAIN LES JEUNES !
VOUS AVEZ VU M'SIEUR, J'AI FAIT DES EFFORTS !
OUI, J'AI VU !
MONSIEUR THOUGUI ?
JE VOUS PROPOSE QUE NOUS COMMENCIONS L'ENTRETIEN, PENDANT LEQUEL VOUS ALLEZ POUVOIR ANALYSER VOTRE SÉANCE.
TRÈS BIEN.
POUR COMMENCER, J'AI INVITÉ LES ÉLÈVES À SE METTRE EN POSITION D'ÉCOUTE DÈS LA MISE EN RANG DANS LE COULOIR AFIN DE GARANTIR UNE ENTRÉE SEREINE EN CLASSE. ENSUITE...

… J'AI PARLÉ DE LA SÉANCE ET DES AIDES QUE J'AI APPORTÉES AUX ÉLÈVES.
ON A ÉCHANGÉ UN BON MOMENT SUR LE RÔLE DES ENSEIGNANTS DE SEGPA, QUI CONSISTE À AIDER LES ÉLÈVES À S'ORGANISER, ET SUR LE FAIT QUE JE DEVAIS TRAVAILLER DANS CE SENS.
C'EST SÛR ! SI TOI-MÊME TU NE SAIS DÉJÀ PAS OÙ ILS DOIVENT RANGER LEUR MATOS, EUX N'Y ARRIVERONT JAMAIS.
OUI, C'EST VRAI !
À LA FIN DE L'ENTRETIEN, IL M'A DEMANDÉ SI J'AVAIS DÉJÀ ENVISAGÉ DE DEVENIR ENSEIGNANT SPÉCIALISÉ EN SEGPA.
IL A AJOUTÉ QUE CE NE SERAIT PAS UNE MAUVAISE IDÉE QUE JE M'ENGAGE À PASSER LE CAPPEI L'ANNÉE PROCHAINE POUR ESSAYER D'OFFICIALISER MON POSTE ICI !
SUPER !
BRAVO !
JE SUIS CONTENTE, C'EST CE QUE TU VOULAIS !

ET COMME UNE BONNE NOUVELLE N'ARRIVE JAMAIS SEULE...
JE VIENS D'APPRENDRE PAR SON ÉDUC QUE KELLY VA POUVOIR RENTRER CHEZ SA MÈRE !
AH C'EST BIEN, ÇA ! ELLE VA PEUT-ÊTRE S'APAISER, C'EST CE QU'ELLE SOUHAITAIT !
ELLE ÉTAIT BIEN, AUJOURD'HUI. QUAND ELLE ARRIVE À CANALISER SON ÉNERGIE, ELLE PEUT ÊTRE VRAIMENT PERFORMANTE.
C'EST UNE GAMINE INTELLIGENTE.
OUI.
TU CROIS QUE ÇA VA ALLER POUR ELLE ?
JE NE SAIS PAS.
DEPUIS QUE JE SUIS EN SEGPA, J'AI VU TOUS LES CAS DE FIGURE.
C'EST COMME ÇA !
DRRRRRIIIING!

N'OUBLIEZ PAS : ON JETTE LES POCHETTES ABÎMÉES. LES AUTRES ON LES RANGE DANS LE CLASSEUR VIOLET.
LES GARS, QUAND VOUS AUREZ FINI DE TRIER LES FEUTRES, VOUS IREZ CHERCHER L'ASPIRATEUR.
WESH POURQUOI NOUS ? C'EST UN TRUC DE MEUF !
CE SOIR C'EST LES VACANCES POUR DEUX MOIS. TU PEUX FAIRE UN EFFORT ENCORE UNE HEURE POUR RANGER LA SALLE QUE TU AS UTILISÉE TOUTE L'ANNÉE !
OK C'EST BON, ON Y VA. VAS-Y, VIENS SALIM !
M'SIEUR ?
OUI KELLY ?
J'EN FAIS QUOI DE MON CLASSEUR ?
COMME TU NE REVIENS PAS APRÈS LES VACANCES, TU PEUX LE VIDER.
OK !
ALORS, TU ES CONTENTE DE RENTRER CHEZ TOI ?
OUI ! NORMALEMENT, ON PASSE DEVANT LE JUGE DANS TROIS SEMAINES ET APRÈS JE RETOURNE CHEZ MA MÈRE !
AH C'EST CHOUETTE ! TU VAS PASSER DE BONNES VACANCES ALORS !
OUI !

Année 3
LA QUATRIÈME

CLING
C'EST TOI MÉLISSA ?
OUI MAMAN !
QU'EST-CE QUE TU FAIS, TU SORS ?
CHIPS
BEN OUI ! JE VAIS EN COURS.
AH... MAIS ON EST QUEL JOUR ?
ON EST JEUDI. C'EST LA RENTRÉE AUJOURD'HUI.
AH D'ACCORD. PRENDS QUELQUE CHOSE DANS LE FRIGO POUR MIDI.
NON, C'EST BON. JE VAIS MANGER À LA CANTINE.
CLANG!

FRANCHEMENT M'SIEUR, ÇA CLAQUE !
ON DIRAIT DES VRAIS GRAFF'S !
OUAIS, EN VRAI, ÇA REND GRAVE BIEN.
VOUS VOYEZ ! ÇA VALAIT LE COUP DE TRAVAILLER TOUT CE TEMPS !
ET POUR UNE FOIS QU'ON SE PREND PAS UNE HEURE DE COLLE POUR AVOIR ÉCRIT SUR LES MURS !
VOUS POUVEZ ÊTRE FIERS DE VOUS, LE RÉSULTAT EST VRAIMENT CHOUETTE !
ÇA FONCTIONNE SUPER BIEN VOS DESSINS TOUS ENSEMBLE.
VOUS SAVEZ M'SIEUR, Y A UN 5E QUI M'A DIT QUE NOS POCHOIRS ÉTAIENT COOL !

ÇA VOUS ÉTONNE ?
VOUS Y AVEZ PASSÉ DU TEMPS SUR CES POCHOIRS ! VOUS VOUS ÊTES DONNÉ DU MAL.
QUAND ON TRAVAILLE, IL N'Y A PAS DE RAISON POUR QU'ON N'Y ARRIVE PAS !
OUAIS ! MAINTENANT ON EST CHAUDS POUR FAIRE DES GRAFFS PARTOUT !
OUI... EUH... JE VOUS RAPPELLE QUAND MÊME QUE C'EST UN DÉLIT DE GRAFFER SANS AUTORISATION !
NON MAIS NE VOUS INQUIÉTEZ PAS M'SIEUR ! JE NE LE FERAI QUE DANS MA CHAMBRE !
SI TON PÈRE TE DEMANDE, JE N'Y SUIS POUR RIEN !
BON... C'EST PAS TOUT ÇA, MAIS ON N'EST PAS LÀ POUR FAIRE DES COLLIERS DE NOUILLES ! ALLEZ EN CLASSE !

ALLEZ, ON MONTE RAPIDEMENT ET VOUS VOUS RANGEZ DEVANT LA PORTE !
C'EST MOCHE.

QUELQUES JOURS PLUS TÔT...
HELLO ! ALORS, CES VACANCES ?
OUAIS C'ÉTAIT SUPER ! ON EST ALLÉS EN ESPAGNE. MES BEAUX-PARENTS ONT UN APPART' PRÈS DE ROSAS.
AH SUPER, ÇA DEVAIT ÊTRE CHOUETTE !
SALUT LES AMINCHES !
SALUT !
SALUT !
BONJOUR À TOUS. J'ESPÈRE QUE VOUS VOUS ÊTES BIEN REPOSÉS... ON NE VA PAS S'ENNUYER CETTE ANNÉE.
AH. TU AS DES BONNES NOUVELLES ?
ON EN PARLERA PLUS EN DÉTAIL TOUT À L'HEURE EN RÉUNION, MAIS J'AI APPRIS LA SEMAINE DERNIÈRE QUE KELLY ÉTAIT DE NOUVEAU PARMI NOUS CETTE ANNÉE.
LA JUGE N'A PAS ACCEPTÉ QU'ELLE RENTRE DANS SA FAMILLE : FINALEMENT ELLE RESTE AU FOYER JUSQU'À CE QU'ILS LUI TROUVENT UNE FAMILLE D'ACCUEIL.
ELLE RISQUE DE NOUS TENIR CHAUD.

...
HUM... ET SINON ANTOINE, TU EN ES OÙ DE LA PRÉPARATION DE TON CAPPEI ?
EUH... PAS LOIN !
POUR LE MOMENT J'AI POTASSÉ QUELQUES TRUCS PENDANT LES VACANCES. MAIS J'ATTENDS LA PREMIÈRE JOURNÉE D'INFORMATION.
TRAÎNE PAS TROP POUR T'Y METTRE, C'EST DU BOULOT QUAND MÊME ET TU AS LE QUOTIDIEN DE LA CLASSE À GÉRER !
NON MAIS ÇA VA ALLER, JE NE SUIS PAS INQUIET !
CHERS COLLÈGUES, JE VOUS INVITE À ME REJOINDRE EN SALLE DE RÉUNION AFIN QUE NOUS PUISSIONS COMMENCER CETTE JOURNÉE DE PRÉ-RENTRÉE !

JE COMPRENDS QUE TU N'AIMES PAS TON TRAVAIL, MAIS NE FAIS PAS UNE GÉNÉRALITÉ...
OUAIS BEN MOI JE TROUVE ÇA MOCHE, ALORS JE LE DIS, C'EST TOUT.
ALLEZ, ON MONTE EN CLASSE.
BONJOUR À TOUS !
J'ESPÈRE QUE VOUS AVEZ PASSÉ DE BONNES VACANCES ET QUE VOUS ÊTES PRÊTS À ATTAQUER CETTE NOUVELLE ANNÉE EN 4E !
NON.
EUH... MOUI... BON.
CETTE ANNÉE, VOUS ALLEZ COMMENCER LES ATELIERS !
OUAIS M'SIEUR, MOI JE VAIS ALLER DANS L'ATELIER HABITAT DIRECT.

C'EST BIEN D'ÊTRE MOTIVÉ, NOLAN, MAIS TU SAIS QU'EN 4E VOUS FAITES LA MOITIÉ DE L'ANNÉE EN HABITAT ET L'AUTRE EN HAS...
C'EST QUOI DÉJÀ HAS ? J'ME SOUVIENS PLUS !
QUELQU'UN SE SOUVIENT ? ON EN A PARLÉ L'ANNÉE DERNIÈRE... OUI JASON !
HAS, ÇA VEUT DIRE « HYGIÈNE, ALIMENTATION, SERVICE ». C'EST L'ATELIER DANS LEQUEL ON FAIT DE LA CUISINE, DU SERVICE ET DU MÉNAGE.
EXACT ! ET COMME NOLAN S'Y CONNAÎT BIEN, IL VA NOUS RAPPELER CE QU'EST L'ATELIER HABITAT.
OH NON M'SIEUR ! LA FLEMME !
OK... L'ATELIER HABITAT C'EST TOUS LES MÉTIERS EN RAPPORT AVEC LE BÂTIMENT, NON ?
OUI, C'EST ÇA ! CETTE ANNÉE, VOUS ALLEZ AVOIR 7 HEURES D'ATELIERS PAR SEMAINE.
C'EST UNE MATIÈRE IMPORTANTE CAR ELLE VOUS PERMETTRA DE DÉCOUVRIR DES CHAMPS PROFESSIONNELS POUR COMMENCER À RÉFLÉCHIR À VOTRE ORIENTATION APRÈS LA 3E.
ÇA VA ÊTRE UNE SUPER ANNÉE !

BONJOUR À TOUS ET BIENVENUE POUR CETTE NOUVELLE SESSION DE FORMATION POUR L'OBTENTION DU CAPPEI.
INSPE Site de Dijon
POUR COMMENCER, JE VOUS PROPOSE UN PETIT TOUR DE TABLE POUR QU'ON APPRENNE À SE CONNAÎTRE.
QUI VEUT COMMENCER ?
OKAYYYY... JE VAIS COMMENCER ! JE SUIS CATHERINE BELMONT, CONSEILLÈRE PÉDAGOGIQUE...
... ET C'EST MOI QUI SUIS CHARGÉE DE VOUS FORMER CETTE ANNÉE POUR QUE VOUS DEVENIEZ DES ENSEIGNANTS SPÉCIALISÉS !
OUI ?
GAËTAN POULOT, ULIS DU COLLÈGE VICTOR-HUGO.
COMBIEN DE TEMPS VA DURER CETTE FORMATION ?

D'APRÈS LE PLAN DE FORMATION, IL Y AURA 4 JOURNÉES COMME CELLE-CI POUR TRAVAILLER SUR VOS MÉMOIRES ET SUR LA SOUTENANCE.
VOUS AUREZ ÉGALEMENT UN TUTEUR DE MÉMOIRE CHARGÉ DE VOUS GUIDER DANS SA RÉDACTION...
... AINSI QU'UN ENSEIGNANT TUTEUR QUI EST SUR LE MÊME TYPE DE POSTE QUE VOUS POUR LA PARTIE PRATIQUE.
OUAIS, DONC, SI JE RÉSUME, ON VA SE VOIR 4 FOIS POUR APPRENDRE À DEVENIR DES ENSEIGNANTS SPÉCIALISÉS.
P'TAIN, ON VA ÊTRE BONS.
!
OUI, J'ADMETS QUE CE N'EST PAS L'IDÉAL. MAIS JE VOUS RAPPELLE QUE VOUS ÊTES INSCRITS EN CANDIDAT LIBRE...
... ET À CE TITRE, VOUS DEVEZ VOUS « AUTO-FORMER ».
BIEN. MERCI GAËTAN POUR CETTE PRÉSENTATION ET TES QUESTIONS. À QUI LE TOUR ? LE VOISIN ?

JE NE SAIS PAS POUR TOI ANTOINE, MAIS PERSO JE NE SUIS PAS SÛR DE CONTINUER.
AH OUAIS ? POURQUOI ?
BIP
BEN DÉJÀ, JE TROUVE QU'ON EST UN PEU LIVRÉS À NOUS-MÊMES.
BIP
ON DOIT ÉCRIRE UN MÉMOIRE DE 30 PAGES, PRÉPARER UNE SOUTENANCE ET ÉLABORER DEUX SÉQUENCES POUR LE JOUR DE L'ÉPREUVE...
ET TOUT ÇA EN CONTINUANT DE GÉRER LA CLASSE. C'EST COMME AUJOURD'HUI : ON VIENT UN MERCREDI ALORS QU'ILS POURRAIENT NOUS LIBÉRER UN JOUR DE LA SEMAINE !
MOI, JE TROUVE ÇA ABUSÉ. PAS TOI ?
ÇA FAIT UN PEU DE BOULOT, MAIS C'EST PAS INSURMONTABLE !
LE MÉMOIRE C'EST POUR DANS 6 MOIS ET ON A 2 MOIS DE PLUS POUR RÉALISER NOS SÉQUENCES.
ÇA SE FAIT, QUAND MÊME ! ET ON EST ACCOMPAGNÉS, NON ?
MOUAIS... JE SAIS PAS. C'EST PAS LES 4 JOURS DE FORMATION ET LES 2 VISITES DE NOS TUTEURS QUI VONT TOUT RÉVOLUTIONNER !

CLIC !
CLAC !
HELLO !
HELLO ! ALORS, CETTE JOURNÉE DE FORMATION ?
CLAC !
BEN C'ÉTAIT PAS SI MAL. J'AI ENFIN UN CALENDRIER ET FRANCHEMENT, JE SUIS LARGE !
AH OUAIS ! BEN C'EST COOL ÇA ! ET TU AS EU PLUS D'INFOS SUR LE MÉMOIRE ? PARCE QUE C'EST UN SACRÉ MORCEAU ÇA QUAND MÊME.
BOF OUI...
TOI ET MOI ON A EU NOTRE MASTER IL N'Y A PAS SI LONGTEMPS QUE ÇA ET ON A DÛ RÉDIGER UN MÉMOIRE.
HONNÊTEMENT, ÇA ME FAIT PAS PEUR ! ÇA VA SE FAIRE TRANQUILLE.
OK... J'AI L'IMPRESSION QUE C'EST DIFFÉRENT QUAND ON BOSSE, TU NE CROIS PAS ?
NON, PAS TROP. ET PUIS J'ÉCRIS VITE, J'AI LARGEMENT LE TEMPS D'ICI MARS POUR TAPER LES 30 PAGES.
BON C'EST VENDREDI, APÉRO ?

DRRÏÏÏNNG !!
ON EST VRAIMENT OBLIGÉS D'ALLER LES CHERCHER EN RÉCRÉATION ?
JE NE PEUX PAS JUSTE IGNORER LA SONNERIE ?
BEN ALORS ? T'ES PAS MOTIVÉ CE MATIN ? T'ES AVEC QUI ?
J'AI LES 4E ! NON, ÇA VA, J'AI JUSTE LA FLEMME AUJOURD'HUI !
AH OUI ! ILS SONT SYMPAS, MAIS JE TROUVE QUE ÇA GIGOTE PLUS QUE L'ANNÉE DERNIÈRE.
OUAIS... À PART KELLY, JE LES TROUVE PLUTÔT AGRÉABLES.
BONJOUR À TOUS ! BON, ON Y VA, SINON VOUS ALLEZ FINIR EN HYPOTHERMIE !
BEN ALORS NOLAN ? T'AS PERDU TON BLOUSON ?

SORTEZ VOS AFFAIRES. NOUS ALLONS TERMINER LES EXERCICES DE GRAMMAIRE QUE NOUS AVONS COMMENCÉS HIER.
SÉRIEUX M'SIEUR, ON PEUT PAS PLUTÔT FAIRE ARTS PLASTIQUES ?
EN PLUS ÇA CAILLE DE OUF ICI.
HÉ DOUCEMENT ! JE TE REMERCIE DE SURVEILLER TON LANGAGE, MÉLISSA.
OUAIS C'EST BON LÀ !
NON C'EST « PAS BON ».
ON N'EST PAS CHEZ TOI ICI. TU DOIS RESPECTER LES RÈGLES.
OUAIS ÇA VA, J'AI REMARQUÉ : VOUS RESSEMBLEZ PAS TROP À MA MÈRE.
HA! HA! HA! HA!

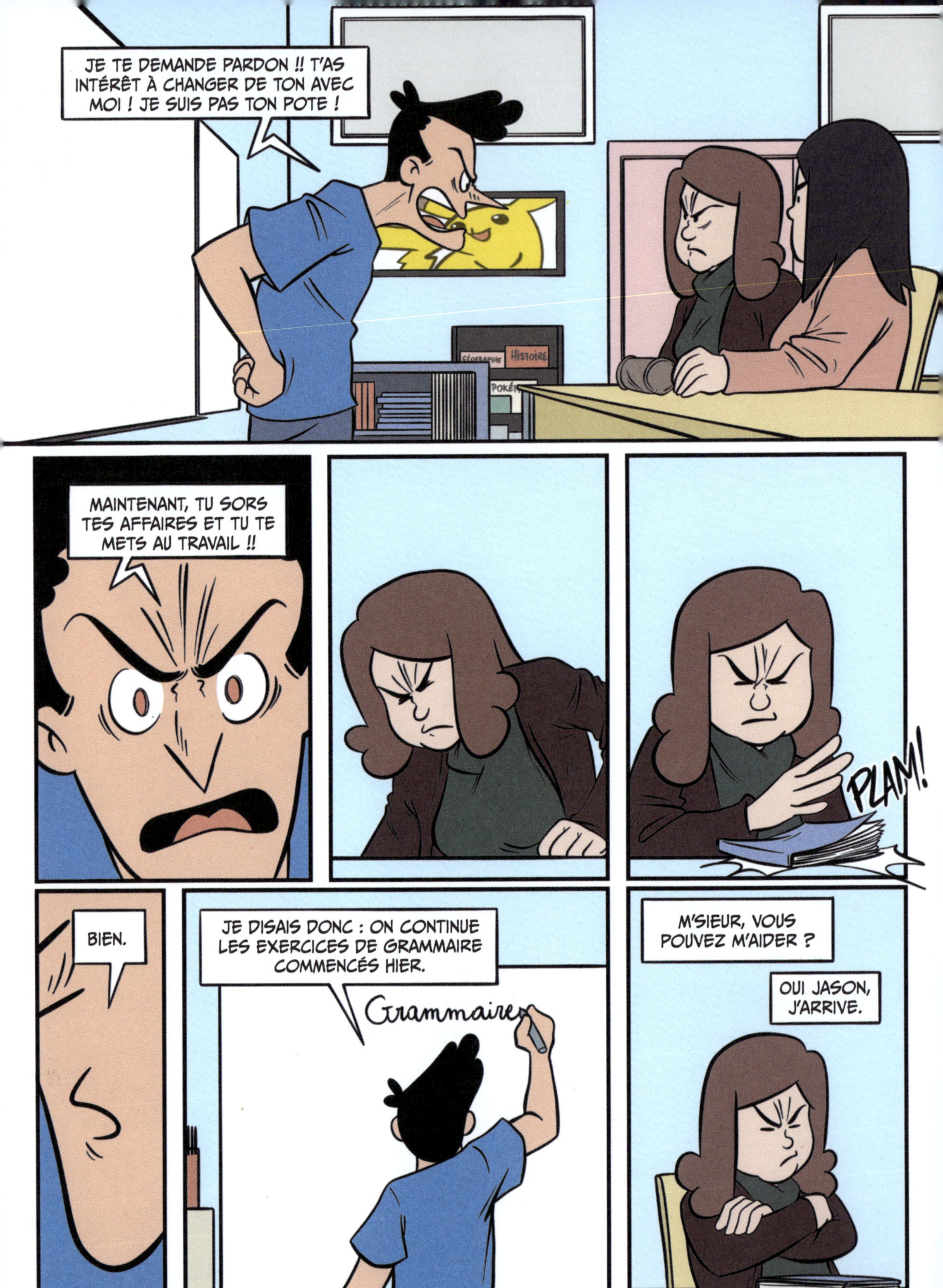
JE TE DEMANDE PARDON !! T'AS INTÉRÊT À CHANGER DE TON AVEC MOI ! JE SUIS PAS TON POTE !
GÉOGRAPHIE
HISTOIRE
MAINTENANT, TU SORS TES AFFAIRES ET TU TE METS AU TRAVAIL !!
PLAM !
BIEN.
JE DISAIS DONC : ON CONTINUE LES EXERCICES DE GRAMMAIRE COMMENCÉS HIER.
Grammaire
M'SIEUR, VOUS POUVEZ M'AIDER ?
OUI JASON, J'ARRIVE.

ENSUITE TU CONJUGUES À TOUTES LES PERSONNES.
ALLEZ, YOAN ! ÇA Y EST CETTE FEUILLE ?
DIS DONC NOLAN, TU COMPTES T'Y METTRE AVANT LA SONNERIE ?
!
MAIS M'SIEUR J'Y ARRIVE PAS ! ÇA ME SAOULE TROP !
MAIS NON, ÇA VA ALLER ! JE VAIS TE MONTRER...
?
GNIIIIII !
ET ALORS MÉLISSA ? TU TE METS AU TRAVAIL OU BIEN ?
PFFFF.
J'Y ARRIVE PAS. C'EST NUL LA GRAMMAIRE.
MAIS NON ! ÇA VA ALLER !
NON, J'Y ARRIVE PAS ! LA GRAMMAIRE C'EST NUL ET J'AI PAS ENVIE D'LE FAIRE VOTRE TRUC DE MERDE !
BIEN... TU VIENDRAS EN HEURE DE COLLE POUR TON LANGAGE ET POUR FINIR TON TRAVAIL, SI C'EST COMME ÇA QUE TU LE PRENDS.
CHEH !

EH BEN, QUELLE JOURNÉE !
OUAIS, J'AVOUE QUE JE SUIS BIEN CLAQUÉ !
C'EST FOU QUE LES 4E SOIENT AUSSI DURS EN CE MOMENT...
OUI, C'EST ÉTONNANT. J'AI L'IMPRESSION QUE PLUS ON S'APPROCHE DES VACANCES DE NOËL, PLUS ILS SONT DIFFICILES À GÉRER.
AH TIENS ? EN MÊME TEMPS, C'EST ASSEZ LOGIQUE FINALEMENT.
COMMENT ÇA ?
BEN OUI : TU RÉPÈTES TOUT LE TEMPS QUE CERTAINS DE TES ÉLÈVES ONT DES VIES, DES FAMILLES DIFFICILES, QUE POUR CERTAINS, C'EST CE QUI LES A MIS EN ÉCHEC À L'ÉCOLE...
OUI, JE SUIS D'ACCORD, MAIS ÇA, ÇA NE CHANGE PAS PAR RAPPORT À D'HABITUDE !
BIEN SÛR QUE SI, TU L'AS DIT TOUT À L'HEURE : PLUS ON SE RAPPROCHE DES FÊTES DE FIN D'ANNÉE ET PLUS ILS SONT DIFFICILES...
ET S'IL Y A BIEN UNE CHOSE QUI VA AVEC LA PÉRIODE DE NOËL...

... C'EST LA FAMILLE.
TU CROIS QUE C'EST À CAUSE DE ÇA ?
OUI, C'EST POSSIBLE. NOËL, C'EST LE MOMENT DE L'ANNÉE PENDANT LEQUEL LES FAMILLES SE RETROUVENT. QUI SAIT CE QUE TES ÉLÈVES ONT VÉCU ? COMMENT TU VIVRAIS NOËL SI TU VIVAIS EN FOYER, LOIN DE TES PARENTS ?
TU NE SERAIS PAS EN COLÈRE DE NE PAS ÊTRE COMME CETTE IMAGE DE FAMILLE PARFAITE QU'ON NOUS SERT SANS ARRÊT DANS LES FILMS, LES SÉRIES, ET QU'ON AFFICHE MÊME SUR NOS MEUBLES ?
PUTAIN T'AS RAISON... J'AVAIS JAMAIS PENSÉ À ÇA...
ET PUIS, NOËL, ÇA SIGNIFIE AUSSI AVOIR DES CADEAUX. ILS RÊVENT TOUS D'UN IPHONE ET D'UNE PS5. ÇA FAIT BEAUCOUP DE FRUSTRATIONS À GÉRER.
JE COMPRENDS MIEUX POURQUOI ILS SONT AUSSI TENDUS EN CE MOMENT !

OUAIS...
AU FAIT, ELLE EST À QUELLE HEURE TA FORMATION POUR LE CAPPEI DEMAIN ?
ON COMMENCE À 9 H ET ON TERMINE À 16 H. JE SENS QUE ÇA VA ENCORE ÊTRE BIEN CHIANT...
OUAIS, TU DIS ÇA, MAIS TU REVIENS TOUJOURS AVEC DES INFOS POUR BOSSER SUR TON MÉMOIRE.
T'EN ES OÙ D'AILLEURS ?
BEN EUH... LÀ J'AI LU QUELQUES ARTICLES ET J'AI COMMENCÉ À VAGUEMENT FAIRE UN SOMMAIRE. MAIS ÇA VA ALLER, J'AI LE TEMPS !
T'ES SÛR ?
LE RENDU DE TON MÉMOIRE EST POUR DÉBUT MARS, QUAND MÊME. ON EST DÉBUT DÉCEMBRE, ÇA TE LAISSE PAS BEAUCOUP DE TEMPS POUR TOUT FAIRE !
MAIS SI, ÇA VA LE FAIRE ! C'EST BIENTÔT LES VACANCES ET...
JE RAPPELLE QUE PENDANT LES VACANCES DE NOËL ON N'A JAMAIS LE TEMPS DE RIEN ! TU VAS BOSSER QUAND SUR TON MÉMOIRE ? ON EST QUASIMENT PAS LÀ DES DEUX SEMAINES !
EUH... BEN...
BEN JE SAIS PAS ! JE VAIS BIEN TROUVER DU TEMPS ! T'FAÇON JE NE DOIS PAS ÊTRE LE SEUL DANS CE CAS-LÀ !

VOUS AVEZ TOUS TERMINÉ VOTRE PLAN ET COMMENCÉ À RÉDIGER ?!?
EUH... BEN OUI. POURQUOI, PAS TOI ?
NON, J'AVOUE QUE J'EN SUIS MÊME LOIN : J'AI À PEINE COMMENCÉ UN SOMMAIRE HIER SOIR...
AH OUAIS. BEN TU SAIS CE QUE TU FAIS PENDANT LES VACANCES, TOI !
NON MAIS ÇA VA LE FAIRE, IL FAUT JUSTE QUE JE M'Y METTE UN BON COUP.
IL ME RESTE UNE SEMAINE ET DEMIE AVANT LES VACANCES...
ET PUIS ON A ENCORE UNE SESSION DE FORMATION POUR PARLER DU MÉMOIRE, NON ?
EUH...
NON, LA PROCHAINE C'EST UNE SESSION SPÉCIALE D'ORAUX BLANCS. C'EST AUJOURD'HUI QU'ON TRAVAILLE SUR LE MÉMOIRE POUR LA DERNIÈRE FOIS...
AH.

BONJOUR.
VLAM !
SORTEZ VOS AFFAIRES. ON REPREND LA GRAMMAIRE ET CETTE FOIS ON TERMINE LES EXERCICES.
PFFF. RELOU.
AH ÇA VA PAS RECOMMENCER ! Y EN A RAS-LE-BOL DE TES RÉACTIONS !! TU SORS TES AFFAIRES ET TU FERMES TA BOUCHE !! T'ES ICI POUR BOSSER, ALORS AU BOULOT !
HÉ C'EST BON LÀ, FAUT SE CALMER !
AH IL FAUT QUE JE ME CALME ! EH BEN TU VAS DÉGAGER DE MON COURS, ÇA, ÇA VA ME DÉTENDRE !!
C'EST QUOI VOTRE PROBLÈME ? FAUT ARRÊTER LE CAFÉ ! VOUS AVEZ PAS À ME PARLER COMME ÇA !
DÉGAGE DE MON COURS !!

FRANÇAIS
Projet 1 : Le Fantastique
Domaine 2 : Les méthodes et outils pour apprendre.
Domaine 1 : Les langages pour penser et communiquer.
ÇA SUFFIT MAINTENANT !!
TU ME LÂCHES ! LÂCHE-MOI !

MAIS LÂCHE-MOI PUTAIN !
IL EST HORS DE QUESTION QUE JE TE LÂCHE ! CALME-TOI POUR QU'ON PUISSE PARLER !
JASON ! COURS CHERCHER LA DIRECTRICE !
ANTOINE ! VIENS M'AIDER !
ANTOINE ?!
ANTOINE ?!
ANTOINE ?
OUI, DÉSOLÉ.
ÇA VA ? T'AS PAS L'AIR BIEN ?
OUI... EUH... ÇA VA. JE SUIS DÉSOLÉ POUR TOUT À L'HEURE... JE NE SAVAIS PAS COMMENT RÉAGIR...

T'INQUIÈTE, C'EST PAS GRAVE !
QU'EST-CE QUI S'EST PASSÉ ?
APRÈS QUE TU AS VIRÉ MÉLISSA DE COURS, ELLE EST REVENUE DANS MA SALLE.
J'AVAIS BIEN ENTENDU QUE ÇA AVAIT ÉTÉ TENDU AVEC TOI...
BREF. J'AI COMMENCÉ MON COURS COMME D'HAB' ET LÀ, SANS TROP QUE JE COMPRENNE POURQUOI...
VAZY LÀ NIQUE TA MÈRE!
... KELLY A INSULTÉ MÉLISSA.
MÉLISSA S'EST LEVÉE ET A COLLÉ UNE ÉNORME BAFFE À KELLY !
NON ? ÇA CRAINT !
ZBÄFF!
ENSUITE LE TON EST MONTÉ QUAND JE LUI AI DEMANDÉ DE SE CALMER, POUR EN ARRIVER À CE QUE TU AS VU DANS LE COULOIR.
ET TOI, QU'EST-CE QU'IL S'EST PASSÉ DANS TON COURS ?
JE CROIS QUE TOUT EST DE MA FAUTE... J'AI PAS BEAUCOUP DORMI LA NUIT DERNIÈRE À CAUSE DE MON MÉMOIRE QUI ME STRESSE ET MES ÉMOTIONS ONT PRIS LE CONTRÔLE...
JE SUIS DÉSOLÉ.
HAHA ! PAS DE SOUCI MEC ! ON A TOUS LE DROIT D'AVOIR DES JOURS SANS ! L'IMPORTANT...

… C'EST DE CONNAÎTRE NOS LIMITES ET DE RECONNAÎTRE NOS ERREURS !
OUI… JE CROIS QU'IL FAUT QUE JE FASSE ATTENTION À CE QUE MES ÉMOTIONS RESTENT À L'ENTRÉE DE LA CLASSE.
BOF… ON N'EST PAS DES ROBOTS, TU SAIS. C'EST DIFFICILE DE TOUJOURS CLOISONNER. MAIS C'EST VRAI QUE C'EST UN IDÉAL VERS LEQUEL IL FAUT TENDRE !
TU EN ES OÙ ALORS DE TON MÉMOIRE ?
JE SUIS COMPLÈTEMENT À LA RAMASSE… IL FAUT QUE JE ME METTE SÉRIEUSEMENT AU TRAVAIL…
JE ME SOUVIENS. C'EST VRAIMENT UNE ANNÉE DENSE PENDANT LAQUELLE TU DOIS JONGLER AVEC BEAUCOUP DE CHOSES.
SI TU AS BESOIN D'AIDE, N'HÉSITE SURTOUT PAS !
MERCI ! SI J'ARRIVE AU BOUT, JE TE SOLLICITERAI PEUT-ÊTRE POUR LA RELECTURE !

BONJOUR À TOUS ! J'ESPÈRE QUE VOUS AVEZ PASSÉ UN BON WEEK-END !
BONJOUUUUR !
AVANT QUE NOUS COMMENCIONS, JE SOUHAITE VOUS FAIRE UNE ANNONCE.
POUR CONTINUER À ENSEIGNER EN SEGPA, JE DOIS PASSER UN EXAMEN...
L'UNE DES ÉPREUVES CONSISTE À CE QU'UN JURY VIENNE NOUS VOIR TRAVAILLER, POUR OBSERVER MA CAPACITÉ À ENSEIGNER À DES JEUNES DE SEGPA.
ET SI JE VOUS EN PARLE MAINTENANT, C'EST QUE CETTE ÉPREUVE EST LA SEMAINE PROCHAINE.
AH OK ! ALORS C'EST POUR ÇA QUE VOUS ÉTIEZ TOUT VÉNÈRE AVANT NOËL ET QUE VOUS AVEZ GUEULÉ SUR MÉLISSA !
OUI, TU AS RAISON NOLAN.
MAIS ON DIT « CRIER »...
... ET C'EST IMPORTANT QUE TU ME RAPPELLES CET ÉVÉNEMENT, ET JE VOUDRAIS PROFITER DE L'OCCASION POUR...
... M'EXCUSER AUPRÈS DE VOUS, ET EN PARTICULIER AUPRÈS DE MÉLISSA, POUR MON ATTITUDE.

C'EST BON, TU AS BIEN TOUT ?
Antoine THOUGUI
Mémoire CAPPEI
De l'intérêt de revêtir une posture d'auteur pour metttre en place une démarche de production de texte.
Année scolaire 2016-2017
EUH OUAIS, JE CROIS...
TON EXAMEN POUR LE CAPPEI EST DEMAIN, IL FAUDRAIT QUE TU SOIS SÛR...
NON, MAIS SI C'EST BON ! J'AI TOUT !
ALLEZ, J'EMBALLE LE TOUT, DE TOUTE FAÇON JE NE PEUX PLUS RIEN AMÉLIORER !
TIENS ! JE T'AI FAIT DES BISCUITS. TU POURRAIS LES LAISSER POUR LE JURY DANS UN COIN AVEC DU CAFÉ ?
T'ES TROP FORTE !

JE T'AIME !
À DEMAIN MAÎTRESSE LISA !
À DEMAIN LES ENFANTS !
BWW!
OUI ALLÔ ?!... ALORS ? C'EST BON OU PAS ?
ÇA Y EST : JE SUIS SORTI !
!!
C'EST BON, J'AI RENDU TOUS LES GAMINS !
VAS-Y RACONTE !

AU DÉBUT J'ÉTAIS VRAIMENT STRESSÉ.
FAIRE COURS DEVANT QUATRE PERSONNES, DONT DEUX INSPECTEURS QUI SONT LÀ POUR DÉCORTIQUER ET ANALYSER LE MOINDRE DE TES GESTES OU DE TES MOTS...
C'EST UN EXERCICE... PARTICULIER !
POUR ÉVITER D'Y PENSER, JE ME SUIS CONCENTRÉ ET...
TU LES AS IMAGINÉS TOUT NUS ?
MAIS NOOOON !
JE ME SUIS CONCENTRÉ SUR LES ÉLÈVES.
ET J'AI RÉALISÉ QU'ILS ÉTAIENT TOUS AU TRAVAIL : MÉLISSA, KELLY... MÊME YOAN.

À PARTIR DE LÀ, TOUTE MA SÉANCE S'EST DÉROULÉE DANS MA TÊTE ET JE ME SUIS DÉTENDU.
J'AI ENCHAÎNÉ SUR MES DEUX SOUTENANCES...
UNE FOIS QUE J'AI EU TERMINÉ, JE SUIS SORTI POUR LES LAISSER DÉLIBÉRER.
CLAP!
J'ÉTAIS VIDÉ.
ILS M'ONT ENSUITE FAIT ENTRER DANS LA SALLE. LA PRÉSIDENTE DU JURY M'A ANNONCÉ QUE J'AVAIS RÉUSSI.
J'AVAIS DU MAL À RÉALISER. ELLE M'A FÉLICITÉ, PUIS ELLE A AJOUTÉ UNE CHOSE QUI M'A MARQUÉ.
ELLE M'A DIT : « ON SENT QU'ENTRE VOUS ET VOS ÉLÈVES, IL Y A UN PROFOND ET RÉEL RESPECT. »

BON ALORS M'SIEUR ? VOUS AVEZ RÉUSSI VOTRE TRUC OU PAS ?
OUI, JE L'AI EU !
ALLEZ ! BG M'SIEUR !
POPOPOPOPOOOO !
GNIIIIII !
DU COUP L'ANNÉE PROCHAINE, VOUS ALLEZ ÊTRE PLUS DÉTENDU !
HAHA OUI, TU AS ENTIÈREMENT RAISON JASON !
HÉ MAIS M'SIEUR, DU COUP QUAND ON REVIENDRA À LA RENTRÉE...
... ÇA SERA NOTRE DERNIÈRE ANNÉE AU COLLÈGE !

Année 4
La troisième

BIENVENUE À TOUS DANS CETTE NOUVELLE ET DERNIÈRE ANNÉE AU COLLÈGE !
J'ESPÈRE QUE VOUS AVEZ PROFITÉ DE VOS VACANCES CAR CETTE ANNÉE VA PASSER TRÈS VITE !
ENTRE LES DEUX STAGES DE DEUX SEMAINES EN ENTREPRISE...
LA PRÉPARATION AUX EXAMENS...
ET LES VACANCES !
VOUS N'AUREZ PAS LE TEMPS DE VOUS ENNUYER ! IL VA FALLOIR ÊTRE SÉRIEUX ET IMPLIQUÉS DÈS LE DÉBUT DE L'ANNÉE !
C'EST UNE ANNÉE INTENSE QUI VOUS ATTEND.

AH OUAIS ! SANS PRESSION QUOI.
ÇA VA TRÈS BIEN SE PASSER, ON VA VOUS ACCOMPAGNER TOUTE L'ANNÉE !
JE VOULAIS AUSSI VOUS INFORMER QUE CETTE ANNÉE...
... VOUS ALLEZ PARTIR EN VOYAGE EN NORMANDIE...
C'EST T... T... TROP COOL ÇA !!
... AVEC DEUX AUTRES CLASSES DE 3E !
ÇA A PRESQUE ÉTÉ UNE BONNE NOUVELLE.

MAIS NE VOUS INQUIÉTEZ PAS ! ÇA VA BIEN SE PASSER, VOUS VERREZ.
DRRRING
ON FINIRA CETTE DISCUSSION DEMAIN. BONNE FIN DE JOURNÉE À TOUS !
M'SIEUR ?
OUI ?
JE PEUX VOUS PARLER ?
BIEN SÛR MÉLISSA ! QUE SE PASSE-T-IL ?
JE VOULAIS VOUS PRÉVENIR QUE JE POURRAI PAS VENIR AU VOYAGE : JE VAIS DÉMÉNAGER DANS LE SUD.
MA MÈRE VA HABITER AVEC SON NOUVEAU COPAIN ET IL VEUT ALLER À TOULOUSE POUR BOSSER.
AH... EUH... OK. IL A TROUVÉ UN BOULOT ?
NON PAS ENCORE. MAIS APPAREMMENT LÀ-BAS Y A PLEIN DE BOULOT !
JE VOIS... ET TU PARS QUAND ?
DEMAIN.

VOUS SAVIEZ VOUS QUE MÉLISSA ALLAIT DÉMÉNAGER SUR TOULOUSE ? ELLE M'A DIT ÇA IL Y A UN QUART D'HEURE...
ELLE ME L'A DIT AUSSI CETTE APRÈS-MIDI. C'EST ÉTONNANT.
OUI, ELLE SEMBLAIT PAS TROP MAL ICI.
PFFF, AVEC DES PARENTS COMME ÇA, ON A RIEN À ESPÉRER !
EN EFFET, LA MAMAN M'A APPELÉE. ELLE A DÉJÀ INSCRIT MÉLISSA DANS UNE SEGPA À TOULOUSE.
OUAIS. ELLE A RÉCUPÉRÉ TOUTES SES AFFAIRES EN PARTANT TOUT À L'HEURE.
ÇA SENT QUAND MÊME LE PLAN POURRI. PARTIR DANS UNE VILLE QU'ON NE CONNAÎT PAS, SANS BOULOT...
DE TOUTE FAÇON, ON NE PEUT PAS FAIRE GRAND-CHOSE. LES PARENTS ONT LE DERNIER MOT.
ET PUIS ON CONNAÎT LA MÈRE, ELLE N'EST PAS DU TOUT STABLE. ELLE S'ÉTAIT TAILLÉ LES VEINES DEVANT MÉLISSA QUAND ELLE ÉTAIT EN CM2 OU CM1...
OUI, C'EST VRAI, J'AVAIS OUBLIÉ ! PAUVRE GAMINE, ELLE A DÉJÀ VÉCU PLUS D'ÉPREUVES QUE JE N'EN VIVRAI PROBABLEMENT JAMAIS.

C'EST COMBIEN ?
2 EUROS 50 !
JOYEUX NOËL !
TRÈS BIEN. JE VAIS VOUS EN PRENDRE UN ALORS. TENEZ !
MERCI MADAME !
ET VOUS VENDEZ TOUT ÇA POUR QUOI ?
C'EST POUR UN VOYAGE EN NORMANDIE !
OUI, ON PROFITE DE LA RÉUNION PARENTS-PROFESSEURS DU COLLÈGE POUR ESSAYER DE VENDRE UN MAXIMUM !
M'SIEUR, J'PEUX FAIRE LA CAISSE ?
NON.
POURQUOI ? J'VAIS RIEN VOLER HEIN !
OH JE SAIS BIEN NOLAN ! JE TE FAIS CONFIANCE.
MAIS C'EST JUSTE QUE SI JE TE LAISSE FAIRE, JE POURRAI PLUS GLISSER LES BILLETS DE CINQ DANS MA POCHE.
OH LÀ LÀ M'SIEUR, VOUS ÊTES TROP UN OUF EN VRAI ! VOUS AVEZ CRU ON ÉTAIT DANS GTA !

JE SUIS TONY MONTANA, MAIS EN BEAU GOSSE.
HAHAHA!!
MERCI.
HÉ M'SIEUR !
ÇA Y EST ! ON A TOUT VENDU !
QUOI ? DÉJÀ !
BEN OUAIS, LES CRÊPES ÇA PASSE CRÈME !
C'EST SUPER ! BRAVO ! ON VA POUVOIR RANGER TOUT ÇA D'ICI UNE PETITE DEMI-HEURE ET DEMAIN ON FERA LES COMPTES !
DONNEZ-MOI VOTRE RECETTE, JE VAIS LA METTRE DANS LA CAISSE.
HÉ M'SIEUR, VOUS CROYEZ QU'ON VA RÉUSSIR À BAISSER LE PRIX DU VOYAGE DE COMBIEN ?
TENEZ !
MERCI !
JE NE SAIS PAS. J'ESPÈRE DE BEAUCOUP POUR QUE TOUT LE MONDE PUISSE PARTIR !
JOYEUX NOËL !

COMMENT ÇA, TU NE PEUX PLUS PARTIR ? JE CROYAIS QUE C'ÉTAIT BON HIER QUAND TU AS VENDU LES CRÊPES !
BEN C'EST... C'EST...Q-Q-Q-QU'EN FAIT CETTE ANNÉE M-M-MA MÈRE, VU QU'ELLE REB-B-BOSSE, ELLE A SUFFISAMMENT D'ARGENT DE CÔTÉ...
... POUR QU'ON P-P-PARTE EN VACANCES À LA MER AVEC MA SŒUR ET MON BEAU-PÈRE !
MAIS SI ON VEUT P-P-P-PARTIR, ON DOIT GARDER TOUS NOS SOUS POUR CET ÉTÉ.
JE SUIS SUPER CONTENT POUR TOI SALIM ! ÇA VA ÊTRE TOP !
OUI, MERCI !
ALORS SALIM ? IL PARAÎT QUE TU VEUX PAS PARTIR LOIN DE TA DARONNE !

ET T-T-TOI TU VIENS PAS NON PLUS !
NON, J'AI PAS QUE ÇA À FAIRE DE PARTIR AVEC DES GAMINS.
T'ES V-V-VRAIMENT DÉBILE !
T'AS DIT QUOI ?
JE VAIS TE DÉFONCER WESH !
T'ES DÉB-B-BILE PARCE QUE MOI JE DOIS CH-CH-CHOISIR ENTRE MES V-V-VACANCES ET LE VOYAGE !
ALORS QUE T-T-TOI TU PEUX F-F-FAIRE LES DEUX. TON PÈRE IL A LES MOYENS.
DONC LÀ TU T'OCCUPES DE T-T-TA VIE MAINTENANT !

TU EN VEUX UN DEUXIÈME ?
OUI ! TU SAIS BIEN QUE JE SUIS COMPLÈTEMENT CAFÉINOMANE !
FAIS ATTENTION TU VAS FINIR PAR T'AGACER !
SURTOUT QU'AVEC EUX C'EST PAS DIFFICILE.
AH TIENS ! SALUT FRANÇOISE ! T'ÉTAIS EN RÉUNION ?
NON, PAS VRAIMENT. ET ÇA TOMBE BIEN QUE VOUS SOYEZ TOUS LÀ.
JE VIENS D'AVOIR MÉLISSA AU TÉLÉPHONE. ELLE M'A APPELÉE DEPUIS TOULOUSE.
ÇA SE PASSE TRÈS MAL, LA MÈRE A COMPLÈTEMENT PÉTÉ LES PLOMBS.
ELLE ET MÉLISSA SONT SUR LA ROUTE, ELLES RENTRENT DANS LA JOURNÉE. MÉLISSA APPELAIT POUR SAVOIR SI ELLE POUVAIT SE RÉINSCRIRE.

MÉLISSA ?
MÉLISSA ?
ÇA VA ?
OUI OUI !
VOICI TON CARNET ET TA NOUVELLE CARTE DE CANTINE.
Carnet De Correspondance
Collège Garibaldi
TU ES SÛRE QUE TOUT VA BIEN ? C'EST COMMENT À LA MAISON DEPUIS QUE VOUS ÊTES RENTRÉES ?
VOUS HABITEZ OÙ ?
CHEZ MA TANTE.
ET TA MÈRE, ELLE FAIT QUOI LA JOURNÉE QUAND T'ES EN COURS ?
EUH...
ELLE DORT.

HMM... JE VOIS.
BON... JE TE LAISSE RETOURNER EN COURS.
D'ACCORD. AU REVOIR MADAME !
OUI, À PLUS TARD.
BIP!
OUI... BONJOUR MÉLANIE, C'EST FRANÇOISE. OUI, ÇA VA.
TU ES DANS TON BUREAU ?
OUI, IL FAUT QUE JE TE VOIES TOUT DE SUITE... OUI...
Mélissa Rudert
OK, J'ARRIVE !

... ET C'EST AINSI QUE LA FRANCE A ÉTÉ SÉPARÉE EN DEUX PARTIES. L'UNE, PLUTÔT LA PARTIE NORD, FUT OCCUPÉE PAR LES NAZIS...
ET LA MOITIÉ SUD, CONTRÔLÉE PAR UN GOUVERNEMENT DEPUIS VICHY QUI...
M'SIEUR ? DANS LE SUD DE LA FRANCE, Y A TOULOUSE, NON ?
AH! AH! AH! A AH! AH!
ÇA SUFFIT VOUS DEUX !!
NOLAN, ÇA VA BIEN, MAINTENANT. TU POURRAIS CHANGER DE DISQUE !
ÇA VA FAIRE TROIS SEMAINES QUE MÉLISSA EST REVENUE. IL NE ME SEMBLE PAS QUE NOUS FASSIONS DES REMARQUES SUR TA VIE, NOUS ?
OH ÇA VA ! SI ON PEUT PLUS RIGOLER !
AH SI, ON PEUT ! BIEN AU CONTRAIRE ! MAIS PAS EN SE MOQUANT DES AUTRES !
TIENS. D'AILLEURS : QUE DIT UNE IMPRIMANTE EN TRAIN DE COULER ?
TOC
TOC

OUI ENTREZ !
BONJOUR À TOUS ! EXCUSE-MOI ANTOINE, J'AI BESOIN DE T'EMPRUNTER MÉLISSA UNE MINUTE.
OUI BIEN SÛR !
ON VA DANS MON BUREAU, TON PAPA EST DÉJÀ ARRIVÉ.
ÇA VA ?
HMMM.
BONJOUR MA PUCE ! JE SUIS DÉSOLÉ, IL FALLAIT QUE JE M'ORGANISE, JE N'AI PAS PU VENIR AVANT...
C'EST PAS GRAVE PAPA.

TOC! TOC
EXCUSEZ-MOI MONSIEUR, JE PEUX ENTRER ?
OUI BIEN SÛR !
LA DIRECTRICE M'A DIT QU'IL FALLAIT QUE JE RÉCUPÈRE MES AFFAIRES ET QUE JE VOUS DISE AU REVOIR.
AH ? ÇA Y EST, TU PARS AUJOURD'HUI ?
OUI. COMME C'EST LES VACANCES D'AVRIL CE SOIR, ÇA ME PERMETTRA DE M'INSTALLER AVANT LA RENTRÉE DANS MON NOUVEAU COLLÈGE.
C'EST BIEN. JE SUIS CONTENT POUR TOI !
NE JETTE PAS L'ÉTIQUETTE DE TON CLASSEUR. JE VAIS EN AVOIR BESOIN.
OK.
VOILÀ, J'AI TOUT. MERCI POUR CES ANNÉES, M'SIEUR. C'ÉTAIT BIEN DANS VOTRE CLASSE, MÊME SI J'AI PAS TOUJOURS ÉTÉ UNE BONNE ÉLÈVE.
AH EUH... BEN DE RIEN ET MERCI À TOI D'AVOIR RIGOLÉ À MES BLAGUES, JE ME SUIS SENTI MOINS SEUL GRÂCE À TOI !

BONNES VACANCES !
MERCI ! TOI AUSSI !
ÇA A ÉTÉ AVEC MÉLISSA ?
OUI. ELLE A RÉCUPÉRÉ SES AFFAIRES ET ELLE EST PARTIE.
J'ESPÈRE QUE ÇA SE PASSERA BIEN POUR ELLE EN BRETAGNE.
OUI, JE PENSE. LE PÈRE A L'AIR D'AVOIR LA TÊTE SUR LES ÉPAULES : IL A DÉJÀ TOUT RÉGLÉ AVEC LE COLLÈGE CHEZ EUX.
C'EST QUAND MÊME INCROYABLE QU'ON N' AIT RIEN VU. ÇA N'A VRAIMENT PAS DÛ ÊTRE FACILE.

OUI. CERTAINS ADOLESCENTS VIVENT DES CHOSES TERRIBLES ET ON NE VOIT RIEN. RIEN NE TRANSPARAÎT.
OUI, JE SAIS BIEN. MAIS À À PEINE 14 ANS, CE N'EST PAS RIEN D'AVOIR À GÉRER UNE MÈRE BIPOLAIRE.
NON, C'EST SÛR.
QUAND TU PENSES QU'À TOULOUSE LA MÈRE A AVALÉ TOUTE UNE BOÎTE DE SOMNIFÈRES ET QUE...
C'EST MÉLISSA QUI A APPELÉ LES URGENCES.
TOUT ÇA PARCE QUE LE NOUVEAU COPAIN VENAIT DE LA LARGUER.
PAUVRE GAMINE.
OUI. MAIS ÇA VA ALLER, ELLE RETOURNE CHEZ SON PAPA AVEC SES DEMI-FRÈRES ET SŒURS. ÇA VA ÊTRE BIEN.
EN TOUT CAS, J'ESPÈRE QUE TU ES PRÊT ! PARCE QU'APRÈS LES VACANCES...
... C'EST LE GRAND DÉPART POUR LA NORMANDIE !

YOUHOUUUU!!
IL FAIT TROP FROID SA MÈRE.
QUAND EST-CE QU'ON RENTRE SÉRIEUX ? ÇA CAILLE.
GNIIIII.
J'AI FAIM.

BON, ON MANGE UN PEU DU SABLE, MAIS C'EST GÉNIAL, NON ?
OUAIS. QUAND EST-CE QU'ON RENTRE, M'SIEUR ?
OUAIS. ON A GRAVE FAIM EN VRAI.
TOUT LE MONDE EST PASSÉ, DONC ON PEUT RENTRER. C'EST VRAI QU'ENTRE LE TRAJET DE CETTE NUIT, LES VISITES ET LE CHAR À VOILE, VOUS DEVEZ ÊTRE FATIGUÉS !
EN PLUS M'SIEUR, FAUT QU'ON RETOURNE À L'HÉBERGEMENT POUR VOIR NOS CHAMBRES...
OUI C'EST VRAI ! HEUREUSEMENT QUE TU ES LÀ ! TU VOIS, NOLAN, T'AS BIEN FAIT DE VENIR !
ALLEZ ! MONTEZ DANS LE BUS, LES AUTRES CLASSES NOUS ATTENDENT.
TOUT LE MONDE EST LÀ ?
YEP !
OUI !
SUPER ! ALORS C'EST PARTI, ON RENTRE POUR S'INSTALLER !

PENSEZ À BIEN RÉCUPÉRER TOUS VOS SACS !
LES GARS, VOUS ÊTES DANS LE BÂTIMENT A, LES FILLES DANS LE B.
VOUS VOUS RÉPARTISSEZ DANS LES CHAMBRES COMME ÇA A ÉTÉ DÉCIDÉ AVANT DE PARTIR !
DANS UNE HEURE ON FAIT LE TOUR POUR VÉRIFIER QUE TOUT LE MONDE EST INSTALLÉ ET ENSUITE ON MANGE.
TOC
TOC
OUI ?
EXCUSE-MOI DE TE DÉRANGER, MAIS IL Y A TROIS ÉLÈVES À TOI QUI TE CHERCHENT.
AH ? OK, J'ARRIVE !

QU'EST-CE QUI SE PASSE, LES FILLES ?
BEN EN FAIT... C'EST LA CHAMBRE.
OUAIS... ON LES CONNAÎT PAS, LES AUTRES FILLES.
OUI, JE SAIS BIEN. VOUS ALLEZ APPRENDRE À VOUS CONNAÎTRE, ÇA VA ALLER, J'EN SUIS SÛR !
MONS... MONSIEUR...
SIVOUPLÉ...
NEELA ! JE... JE VAIS VOIR SI JE PEUX VOUS TROUVER UNE CHAMBRE.
ET VOILÀ ! COUP DE CHANCE, IL RESTAIT UN DORTOIR DE LIBRE ! VOUS ALLEZ ÊTRE BIEN TOUTES LES TROIS !
J'PRENDS LE LIT DU HAUT !!

SUIVEZ M. THOUGUI, L'ENTRÉE DU CIMETIÈRE AMÉRICAIN EST JUSTE LÀ !
L'ENTRÉE DU CIMETIÈRE AMÉRICAIN EST UN PEU PLUS LOIN.
OK LES JEUNES, AVANT DE VOUS ÉPARPILLER, JE VOUS RAPPELLE QUE NOUS DEVONS PARTICIPER À LA CÉRÉMONIE COMMÉMORATIVE ET QUE NOUS DEVONS DÉPOSER UNE GERBE DE FLEURS.
ALLEZ, SUIVEZ-MOI !

BONJOUR À TOUS ET BIENVENUE DANS CE LIEU DE MÉMOIRE.
VOUS ÊTES ICI AU CIMETIÈRE AMÉRICAIN DE COLLEVILLE-SUR-MER OÙ REPOSENT PLUS DE 9 000 SOLDATS DISPARUS LORS DU DÉBARQUEMENT DE JUIN 1944.
AFIN DE COMMÉMORER LE SACRIFICE CONSENTI PAR DE JEUNES AMÉRICAINS, À PEINE PLUS ÂGÉS QUE VOUS, AU NOM DE LA LIBERTÉ...
... NOUS COMMENCERONS PAR ÉCOUTER L'HYMNE DES USA, PUIS VOUS POURREZ PROCÉDER AU DÉPÔT DES FLEURS.

OK LES JEUNES. VOUS POUVEZ VOUS BALADER DANS LE CIMETIÈRE. ON SE DONNE RENDEZ-VOUS ICI DANS UNE DEMI-HEURE.
TOUT VA BIEN YOAN ?

OUI OUI ÇA VA ! IL EST IMPRESSIONNANT CE CIMETIÈRE...
OUI, JE SUIS D'ACCORD.
JE PEUX TE POSER UNE QUESTION ?
HMM ?
POURQUOI EST-CE QUE TU ES VENU AU VOYAGE ?
JE ME POSE LA QUESTION PARCE QU'ON NE PEUT PAS DIRE QUE TU AVAIS L'AIR HEUREUX D'ÊTRE EN SEGPA QUAND TU ES ARRIVÉ...
AVANT D'ARRIVER EN SEGPA, J'ÉTAIS TOUJOURS AU FOND... J'AI EU UNE PROF QUI M'A DEMANDÉ DE RÉÉCRIRE 5 FOIS MON COURS PARCE QU'ELLE TROUVAIT QUE C'ÉTAIT MAL ÉCRIT.
MAIS VOUS, VOUS ÊTES BIZARRE PARCE QUE VOUS NOUS DITES QUE LES FAUTES NE COMPTENT PAS ET QUE C'EST PAS GRAVE SI NOTRE ÉCRITURE EST SUPER MOCHE.
GRÂCE À LA SEGPA, J'AI COMPRIS QUE L'ÉCOLE C'EST IMPORTANT... ET C'EST PAS PARCE QUE C'EST IMPORTANT QUE ÇA DOIT ÊTRE GRAVE.
ET VOUS FAITES DES BLAGUES AUSSI !

EN ARRIVANT EN SEGPA, J'AIMAIS PAS L'ÉCOLE...
MAIS EN VRAI, LA SEGPA DU COLLÈGE ELLE EST COOL !
ALLEZ, ON VA REJOINDRE LES AUTRES ! IL NE FAUT PAS QU'ON TRAÎNE : CE SOIR ON FAIT LA FÊTE !
POUR CEUX QUI LE SOUHAITENT, UN GROUPE VA ÊTRE DÉPOSÉ EN VILLE POUR ACHETER QUELQUES SOUVENIRS.
ON RENTRERA À PIED, LE CENTRE N'EST PAS LOIN !

ALORS, VOUS AVEZ TROUVÉ TOUT CE QU'IL VOUS FALLAIT ?
IL FAUT QU'ON SE DÉPÊCHE DE RENTRER, ON N'EST PAS À L'ABRI DE SE FAIRE ARROSER...
NORMANDIE SOUVENIRS
BROOM
ALLEZ COURAGE, ON EST TOUT PRÈS !

ALLEZ ! VENEZ VITE VOUS METTRE À L'ABRI !
HA! HA! HA! HA!
RAPPROCHEZ-VOUS, ON VA PRENDRE UN SELFIE POUR L'ENVOYER À LA DIRECTRICE !
OH NON ! J'AIME PAS LES PHOTOS, JE SUIS TROP MOCHE !
ALLEZ KELLY ! C'EST JUSTE POUR NOUS, ON NE LA METTRA PAS SUR LE SITE DU COLLÈGE.
VOUS ÊTES PRÊTS ?

DING !
AH ! VISIBLEMENT TOUT A L'AIR DE BIEN SE PASSER !
HÉ M'SIEUR, M'SIEUR ! Y A MOYEN DE METTRE DU JUL ?
ET RAMMSTEIN ?
NON. C'EST MORT. J'AI MIEUX !
EMINEM, « LOSE YOURSELF » C'EST LA BASE !
HEIN ?
LOOK, IF YOU HAD ONE SHOT OR ONE OPPORTUNITY TO SEIZE EVERYTHING YOU EVER WANTED, IN ONE MOMENT WOULD YOU CAPTURE IT OR JUST LET IT SLIP ?
COMMENT IL S'AMBIANCE TROP LE PROF !
GRAVE !

BEN ALORS LES JEUNES ? ON EST FATIGUÉS ?
C'EST ÇA AUSSI D'ENFLAMMER LE DANCE FLOOR ! APRÈS FAUT ASSUMER !
NAN MAIS C'EST JUSTE QU'ON N'ARRIVE PAS À SE REMETTRE DE VOUS EN TRAIN DE FAIRE LA CHENILLE ! HIN HIN !
HAHA, C'EST LE TALENT, QUE VOULEZ-VOUS ! ALLEZ, ON REJOINT LE BUS, VOUS POURREZ DORMIR UN PEU PENDANT LE VOYAGE.
HÉ M'SIEUR ?
OUI ?
FRANCHEMENT, IL ÉTAIT TROP COOL CE VOYAGE.
OUI... JE SUIS D'ACCORD AVEC TOI.

EN VRAI J'AI TROP LE SEUM.
OUAIS. MOI AUSSI, DE OUF.
GRAVE. J'AI ENVIE DE SAUTER PAR LA FENÊTRE… MAIS J'AI LA FLEMME.
COMME VOUS ÊTES ! ÇA VA ALLER HEIN, TOUT VA BIEN SE PASSER.
NON MAIS VOUS VOUS RENDEZ PAS COMPTE M'SIEUR ! ÇA FAIT UN CHOC, QUAND MÊME.
EN VRAI M'SIEUR !
ALLEZ, C'EST PAS LA MORT ! VOUS SAVIEZ BIEN QU'APRÈS LE VOYAGE EN NORMANDIE…
… VOUS ALLIEZ DEVOIR VOUS REMETTRE AU TRAVAIL !

ET VOUS AVIEZ RAISON SUR UN POINT : LA FIN DE L'ANNÉE EST PROCHE ET VOUS ALLEZ AVOIR BEAUCOUP DE CHOSES À FAIRE EN MÊME TEMPS.
SÉRIEUX ? V-V-VOUS VOULEZ QU'ON F-F-FASSE UNE DÉ-DÉPRESSION ?
NON, PAS DU TOUT !
MAIS JE PRÉFÈRE ÊTRE HONNÊTE. LE DERNIER TRIMESTRE EST LE PLUS DUR...
VOUS ALLEZ D'ABORD DEVOIR FINIR VOS DOSSIERS POUR LES ORAUX DU BREVET ET DU CERTIFICAT DE FORMATION GÉNÉRALE QUE TOUS LES ÉLÈVES DE SEGPA PASSENT.
EN MÊME TEMPS, VOUS DEVEZ GÉRER VOTRE ORIENTATION AINSI QUE VOS RÉVISIONS POUR LES ÉPREUVES ÉCRITES DU BREVET PROFESSIONNEL.

C'EST POURQUOI J'AI PRÉVU QU'ON COMMENCE TOUT DE SUITE AVEC UN SUJET DE BREVET PRO D'HISTOIRE-GÉO.
OH NON !
SOUVENEZ-VOUS DE CE QU'ON A VU ENSEMBLE : PRENEZ LE TEMPS DE LIRE LE SUJET AVANT DE VOUS LANCER.
C'EST IMPORTANT DE BIEN LE COMPRENDRE.
M'SIEUR... FRANCHEMENT, JE COMPRENDS RIEN. JE VAIS PAS Y ALLER, AU BREVET.
POURQUOI ? PARCE QUE TU AS PEUR D'ÉCHOUER ?
BEN GRAVE.
TU N'AS PAS BESOIN DU BREVET DANS LA VIE, TU SAIS. LE BREVET C'EST JUSTE UN BOUT DE PAPIER. EN REVANCHE, TU AS BESOIN D'ÊTRE FIER DE TOI. ÇA, C'EST IMPORTANT...
ALORS FAIS-LE. QUE TU RÉUSSISSES OU PAS...

... TU SERAS FIER D'AVOIR ESSAYÉ !
TRÈS BIEN, ON VOUS ÉCOUTE.
BONJOUR, JE M'APPELLE YOAN... ET EUH... JE... EUH...
JE VAIS VOUS PRÉSENTER MON DOSSIER...
POUR LEQUEL J'AI CHOISI DE VOUS PARLER DE MES STAGES EN ENTREPRISE QUE J'AI FAITS CETTE ANNÉE...
OUI, J'AI DÉCIDÉ DE M'ORIENTER VERS LA MENUISERIE APRÈS LA 3E PARCE QUE ÇA ME PLAÎT BEAUCOUP !
BEN LÀ EUH... JE VAIS ALLER EN MÉCANIQUE PARCE QUE J'AIME BIEN LES MOTOS.
ENSUITE J'ESPÈRE POUVOIR CONTINUER EN B-B-B-BAC PRO COIFFURE ET OUVRIR MON S-S-S-SALON !
VOILÀ... EUH... MERCI DE M'AVOIR ÉCOUTÉE. EUH... VOILÀ ?

... N'OUBLIEZ PAS DE BIEN INDIQUER VOTRE NUMÉRO DE CANDIDAT.
OUAIS MAIS M'SIEUR, C'EST LA GALÈRE CE TRUC POUR PAS SE TROMPER.
NE VOUS INQUIÉTEZ PAS ! CE N'EST QUE LA PREMIÈRE ÉPREUVE...
VOUS ALLEZ VOUS HABITUER À FORCE DE LE RECOPIER.
BIEN, C'EST L'HEURE LES JEUNES. JE VAIS VOUS DISTRIBUER LES SUJETS. À PARTIR DE MAINTENANT, VOUS NE DEVEZ PLUS COMMUNIQUER.
EST-CE QUE TOUT LE MONDE A EU UN SUJET ?
OUI !
OUI !
OUI !
TRÈS BIEN ! ALORS BON COURAGE À TOUS !

ON EST OBLIGÉS DE TOUT SORTIR DE LA CLASSE ?
C'EST RELOU EN VRAI...
OUI, ON N'A PAS LE CHOIX. LA CLASSE VA ÊTRE ENTIÈREMENT NETTOYÉE ET CIRÉE PENDANT LES VACANCES !
MAIS AVANT, ON VA VIDER VOS CLASSEURS : TOUT CE QUE VOUS NE VOULEZ PLUS, VOUS JETEZ.
PAR CONTRE, NE JETEZ PAS VOS ÉTIQUETTES ! ELLES VONT ENCORE SERVIR...
POUR QUOI FAIRE ?
J'AIMERAIS QUE VOUS LES COLLIEZ SUR LE TABLEAU BLANC QUE J'AI ACCROCHÉ AU MUR.
Neela
Nolan
Clara
Salim
Yoan
Kelly
Jason
COMME ÇA IL Y AURA TOUJOURS UNE TRACE DE VOTRE PASSAGE À LA SEGPA.
VENEZ ON MET TOUS NOTRE ÉTIQUETTE AU CENTRE !
TU ME PASSES LA COLLE ?
AH OUAIS, BONNE IDÉE !
APRÈS ON VA GOÛTER ?
OUI ! APRÈS ON VA GOÛTER, YOAN.

MAIS AVANT, J'AIMERAIS QU'ON FASSE UN SELFIE SI VOUS ÊTES D'ACCORD !
MAIS NAN M'SIEUR ! C'EST QUOI VOTRE DÉLIRE AVEC LES SELFIES ?
MAIS GRAVE ! EN PLUS J'SUIS TROP MOCHE MOI !
C'EST POUR LE SOUVENIR !
C'EST NOTRE DERNIÈRE HEURE ENSEMBLE...
EN PLUS MOI AUSSI JE SUIS MOCHE : T'AS VU CE NEZ ? C'EST N'IMPORTE QUOI !
C'EST BON ? VOUS ÊTES PRÊTS ?
C'EST DANS LA BOÎTE !
EH M'SIEUR, VOUS AVEZ QUOI DANS LA MAIN ?
C'EST L'ÉTIQUETTE DE CLASSEUR DE MÉLISSA, JE L'AI GARDÉE QUAND ELLE EST PARTIE...
Kelly
Clara
Jason
Nolan
Yoan
... POUR LA RAJOUTER SUR LE TABLEAU !

ALLEZ, C'EST BON, C'EST COLLÉ ! ON PEUT ALLER PRENDRE LE GOÛTER !
Clara
Kelly
Yoan
N'OUBLIEZ PAS DE FERMER LA PORTE EN PARTANT !
Clara
Jason
LE DERNIER DEHORS EST UN LOSER !
Clara
Kelly
Yoan
Jason
Nolan
Neela
Salim
Mélissa
CLAC !
FIN.

POSTFACE

J'ai découvert Antoine et son coup de crayon en janvier 2022. J'ai tout de suite apprécié son style, son humour et surtout ce qu'il avait à raconter à travers ses dessins. Tout en parcourant sa page, j'ai rapidement compris qu'Antoine était bien plus qu'un énième illustrateur, créateur de contenu sur les vastes plages d'Internet. En effet, dans sa bio, il est écrit qu'il est « dresseur d'ados » : il faut comprendre par là qu'Antoine est enseignant, mais pas dans n'importe quelle classe. Il est prof de SEGPA. Quand la majorité des gens prononce ce mot, elle essaye de le dire en gardant un visage neutre, mais au fond, elle ne peut pas s'empêcher de sourire, par moquerie, ignorance ou nervosité. Il faut dire que la SEGPA a mauvaise réputation. Rappelez-vous les années collège, souvenez-vous de ces élèves, un peu étranges, qu'il fallait soigneusement éviter dans la cour ou dans les couloirs. Rappelez-vous aussi ces films de bas étage sur ces classes, qui font passer leurs élèves pour des personnes décérébrées, tout juste bonnes à manger du foin et à faire des bêtises pour se faire remarquer et accepter. Mais est-ce que vous savez qui ils sont, ce qu'ils font, pourquoi ils sont là, est-ce que vous avez adressé la parole à l'un d'entre eux, à part pour les insulter discrètement dans leurs dos, sûrs de cette suffisance adolescente que nous avions ? Je le confesse humblement, je ne l'ai jamais fait. Je me contentais d'observer ce qui me semblait alors être une cour des Miracles, qui ne parlait pas comme moi, ne s'habillait pas comme moi, ne pensait pas comme moi, mais qui pourtant, si j'avais pu mieux observer leurs yeux, souffrait comme moi. Je n'avais pas conscience de tout cela, à l'époque. Les enfants sont cruels entre eux, c'est la loi de la jungle, si tu es faible, c'en est fini de toi. Puis j'ai grandi et la vie m'a amené à faire un métier dans la protection de l'enfance. Et dans les foyers où j'ai travaillé, où je travaille encore, beaucoup d'enfants placés dont je m'occupe (s'ils ne sont pas déscolarisés) sont dans des classes adaptées, dont des SEGPA. Dans les pages que vous venez de lire, Antoine a raconté la vie de mes jeunes, qu'importe leurs prénoms, ils ont le même vécu. C'est ce qui m'a plu. Antoine n'essaye pas d'enjoliver leurs existences, d'édulcorer son métier. Il raconte, de la sixième à la troisième, un système d'apprentissage que l'on ne connaît pas, la difficulté qu'il rencontre pour canaliser leurs énergies et exploiter leurs potentiels. Parce que oui, ils ont du potentiel. Ces enfants-là ne sont pas des bêtes de foire, ils ne sont pas là pour amuser la galerie. Ils sont simplement perdus. J'ai croisé des Yoan, qui voulaient s'enfuir à la moindre difficulté, des Clara qui se tatouaient les bras de honte et de douleur parce que leurs nuits étaient peuplées de monstres bien trop familiers, des Mélissa dont la mère dormait bien trop longtemps. La liste est si longue, il faudrait bien plus qu'une BD ou mes livres pour leur rendre pleinement hommage, justice et honneur. Mais c'est un excellent début.

Antoine, merci infiniment pour l'honneur que tu m'as fait en me permettant de lire cet ouvrage en avant-première, et de m'avoir proposé d'en écrire la postface. Tu savais que ça me parlerait, mais tu ne savais sûrement pas à quel point. Je sais que cette BD aura une place de choix au sein de la bibliothèque de mon foyer. Je sais qu'ils la liront, discrètement à l'abri des regards, qu'ils en parleront entre eux, et puis j'espère avec nous. Je sais qu'ils seront touchés et fiers, de se lire à travers d'autres, qu'ils se sentiront peut-être un peu plus légitimes, dans une vie qui les a placés d'échec en échec scolaire.

Merci, et longue vie à nos métiers, aussi usants soient-ils. Je peux t'assurer une chose, aucun de ces enfants ne t'oubliera.

VINCENT

Cet ouvrage est composé de matériaux issus de forêts bien gérées certifiées FSC®,
de matériaux recyclés et de matériaux issus d'autres sources contrôlées.
Le Forest Stewardship Council® est une organisation internationale non gouvernementale qui encourage une gestion écologiquement adaptée, socialement bénéfique et économiquement viable des forêts de la planète. Pour en savoir plus, consultez le site www.fsc.org

FSC
www.fsc.org
MIXTE
Papier | Pour une gestion forestière responsable
FSC® C007507

Achevé d'imprimer en octobre 2024 par Graphycems
Dépôt légal : novembre 2024

Imprimé en Espagne